爱国主义 青春 读本

总主编／成 进 副总主编／周 远 李 重

集体主义

主　编 周　远

副主编 邱　辰 段继超

编　者 上官蒙蒙 田　博 刘　莹 杨文韬
　　　 吴秋妹　 迟凯文 张　瑞 岳　甜
　　　 赵　颖　 高　琼 商　琛 彭随缘

西安交通大学出版社
XI'AN JIAOTONG UNIVERSITY PRESS

图书在版编目 (CIP) 数据

集体主义 / 周远主编 . — 西安：西安交通大学出
版社，2020.9（2025.5 重印）
（爱国主义青春读本）
ISBN 978-7-5693-1662-9

Ⅰ . ①集… Ⅱ . ①周… Ⅲ . ①高等学校 – 思想政治教
育 – 研究 – 中国 Ⅳ . ① G641

中国版本图书馆 CIP 数据核字（2020）第 062601 号

书　　名	集体主义
主　　编	周　远
责任编辑	侯君英

出版发行	西安交通大学出版社
	（西安市兴庆南路 1 号　邮政编码 710048）
网　　址	http://www.xjtupress.com
电　　话	（029）82668357　82667874（市场营销中心）
	（029）82668315（总编办）
传　　真	（029）82668280
印　　刷	陕西印科印务有限公司

开　　本	710 mm×1000 mm　1/16　印张 11　字数 110 千字
版次印次	2020 年 9 月第 1 版　2025 年 5 月第 3 次印刷
书　　号	ISBN 978-7-5693-1662-9
定　　价	49.00 元

如发现印装质量问题，请与本社市场营销中心联系。
订购热线：（029）82665248　（029）82667874
投稿热线：（029）82668525
读者信箱：xjtu_rw@163.com

"一代人有一代人的使命，一代人有一代人的担当。"今天的青年是同新时代共同前进的一代，是见证中华民族腾飞的一代，是亲历世界百年未有之大变局的一代。

习近平总书记指出：广大青年既拥有广阔发展空间，也承载着伟大的时代使命。青年是国家的希望、民族的未来。青年有理想、有担当，国家才有前途、有希望。只有青年绽放青春梦想、锻造出彩人生，实现中华民族伟大复兴的中国梦才有源源不断的青春力量。

一个国家、一个民族，没有精神力量不行。广大青年要高扬爱国主义、集体主义、英雄主义、乐观主义旗帜，不断激发蓬勃发展的内在动力。

爱国主义是一面奋发图强的旗帜。爱国，是人世间最深沉、最持久的情感。爱国是青年人理所当然的价值追求，强大的国家是每一个中华儿女

前进的坚实后盾和巨大力量。我们要增强对中国特色社会主义道路、制度、理论、文化的认同，坚定走中国特色社会主义道路。青年人要树立与时代主题同心同向的理想信念，勇于担当这个时代赋予的重任。立志干大事，而不是求大名、图大利；立志为国家、为人民、为社会多作贡献，而不是只顾个人、只顾小家。有了高远的志向，人生就有了正确的航向，努力就有了积极的意义。

集体主义是一面凝心聚力的旗帜。集体是我们每个人无法逾越的生存地平线。没有个体当然就不存在群体，但是人类如果没有群体的观念，没有相互的合作和共同的认识，个体的人就无法生存下去。时代的建设者和奋斗者是集体，班级和团队也是集体。集体是什么色彩，我们身上就会折射什么光斑。青年从事业起步起，就要学会尊重别人、理解别人、帮助别人，学会待人真诚、为人守信、与人为善。青年人只有把个人的价值融入集体，才能真正成就自我，只有无数年轻人携起手来，才能让青春迸发出更夺目的光彩，在时代进步中谱写更辉煌的乐章。

英雄主义是一面担当使命的旗帜。有了英雄的引导和鼓舞，我们就敢于克服任何困难，在攻克学习难关和科技难题中取得意料不到的成果。青年要敢扛责任，不怕失败，勇于创新创业。今天，我们弘扬革命英雄主义精神，不是要广大青年像战争年代英雄那样炸碉堡、堵枪眼，而是要以爱国情怀强化历史责任，以民族气节滋养浩然正气，以英雄气概砥砺血性胆识，以必胜信念坚定奋斗意志，接力推进先烈们为之拼搏献身的伟大事业，争当新时代的英雄。

乐观主义是一面积极向上的旗帜。乐观是中华民族的精神底色。乐观主义来自对规律的把握，来自正确看待现在和未来，来自正确看待问题和挑战。有了乐观主义情怀，所有的困难都可能变成机遇，所有的等待都可能变成创造，所有的矛盾都可能在微笑中得到化解，所有的努力都会在未来与收获相逢。乐观不是空头口号，其源自对人生价值实现的积极认知，成熟于知其难而不畏其难的勇敢实践。广大青年应以乐观心态感悟人性光辉，激励前行意志，做一个情趣高尚的新时代青年。让青春成为乐观主义的代名词。

"天下者，我们的天下；国家者，我们的国家；社会者，我们的社会。我们不说，谁说？我们不干，谁干？"一百年前，毛泽东在《湘江评论》中的发问，至今仍然振聋发聩。不负

韶华、勇挑重担，高擎爱国主义、集体主义、英雄主义、乐观主义旗帜的中国青年，必将在奋进新时代的征程上唱响更加嘹亮的青春之歌！

本书编委会

2020 年 4 月

目录

高举集体主义旗帜，汇聚磅礴伟力

在恢弘的历史长河中，个人都是渺小的，但涓滴入流能够汇聚出历史的惊涛骇浪；在偌大的世界舞台中，个人都是平凡的，但聚沙成塔能够演绎出时代的华彩乐章。

伟大的中华民族紧紧团结在一起，和衷共济，经过七十载艰苦奋斗，才有了繁荣富强的新中国。当今世界正在经历百年未有之大变局，实现中华民族伟大复兴正处于关键时期，只要我们像石榴籽一样紧紧团结在以习

近平同志为核心的党中央周围，风雨同舟、万众一心、众志成城，就没有克服不了的困难，而这种磅礴力量的形成又必须依靠集体主义作为精神支撑。无数次的实践证明，集体主义是社会主义的道德原则和核心价值理念，是处理集体利益与个人利益的根本准则，是我国社会主导的价值理念。

一、集体主义是确保事业顺利发展的思想基石

集体是我们每个人无法逾越的生存地平线。自有人类以来，个人和集体其实都是人类构筑社会所必须。集体主义其实就是人类社会的群体认同。没有个体当然就不存在群体，但是人类如果没有群体的观念，没有互相的合作和共同的认识，个体的人就无法生存下去。因此，在社会发展中，当人作为个体难以维系自身的生存发展时，集体至上、集体利益优先的原则便被牢固地确立下来。人类正是依靠集体的力量，才生生不息，走向文明。

"团结是铁，团结是钢，团结就是力量。"团结是集体主义的重要表征和外部体现，有了集体主义精神，那一定能团结。不论时代如何发展，集体主义精神永不过时。中国人民是具有伟大的集体主义精神的人民。在几千年历史长河中，中国人民始终团结一心、同舟共济，建立了统一的多民族国家，发展了 56 个民族多元一体、交织交融的融洽民族关系，形成了守望相助的中华民族大家庭。从《礼记·礼运》中所载"大道之行也，天下为公"，到范仲淹《岳阳楼记》中的"先天下之忧而忧，后天下之乐而乐"，再到张载《西铭》倡导"民吾同胞"，都反复强调了集体优先的理念。特别是近代以后，在外来侵略寇急祸重的严峻形势下，中国人民手挽着手、肩

并着肩，英勇奋斗，浴血奋战，打败侵略者，捍卫了民族独立和自由，共同书写了中华民族保卫祖国、抵御外侮的壮丽史诗。

"团结是党的生命，不团结什么事情也干不成。"顾全大局、紧密团结的集体主义精神，不仅指引中华儿女跨越重重难关、从胜利走向胜利，也照亮我们党团结带领亿万人民艰苦奋斗、复兴圆梦的征程。我们党历来高度重视团结，始终视团结为生命，坚持把团结作为最重要的成事之道。正如习近平总书记指出的，"团结是战胜一切困难的强大力量，是凝聚人心、成就伟业的重要保证。"党的十八大以来，在以习近平同志为核心的党中央的坚强领导下，全国人民万众一心，战胜的每一个风险挑战、取得的每一项辉煌成就，无不闪烁着集体主义的耀眼光辉。实现中国梦、扶贫攻坚战、载人航天、抗震救灾等，都是中国人民集体主义精神的大发扬。新中国成立七十周年前夕，西安交通大学"西迁人"爱国奋斗先进群体等 22 个集体更是被党中央授予"最美奋斗者"荣誉称号，集体主义的荣光在今天显得更加耀眼夺目。

1936 年 11 月，郭沫若在《青年与文化》一文中写道："个人都在以集体主义的精神努力，那努力的成果总汇起来便足以转移时势。"进入新时代，大到一个民族、一个国家，小到一个单位、一个个人，发展建设的奇迹正在中华大地上不断涌现。对于西安交通大学而言，近三年来，学校办学经费增长 42%、发明专利增长 88%、科技论文增长 40%、科研经费增长 92%；创造了 2017 年国家科技奖全国第二、2018 年国家教学成果奖全国

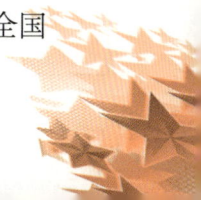

第一、基础学科拔尖人才培养计划十周年评比位列全国第五、学生科技竞赛获奖数全国第二，蝉联了 VEX 机器人世界锦标赛总冠军等好成绩。面对区位不优、师资不足、资金短缺、条件匮乏等困难，学校依然取得了如此不凡的业绩，到底靠的是什么？答案绕不开"团结"二字。在迈向"两个一百年"奋斗目标的新征程中，尤需汇聚起全体交大人团结奋斗的磅礴伟力，只要高扬集体主义旗帜，就没有任何力量能够阻挡交大人实现梦想的步伐！

二、集体主义是社会主义核心价值观的思想精髓

马克思、恩格斯曾说过，"只有在集体中，个人才能获得全面发展其才能的手段。"因此，集体主义是社会主义价值体系的灵魂。这是由公有制经济占主体地位的社会主义生产关系所决定的，也是中国特色社会主义发展的客观要求。在长期的革命、建设和改革历程中，集体主义一直是我国社会的主流意识形态，是中国共产党和中国人民历久弥新的价值选择。

集体主义是社会主义核心价值观的理论基础和中心内容。党的十八大将社会主义核心价值观凝练为国家维度的富强、民主、文明、和谐的价值观；社会维度的自由、平等、公正、法治的价值观；个人维度的爱国、敬业、诚信、友善的价值观。这是中国共产党发展性地将马克思集体主义思想与中国特色社会主义实践相结合的思想产物。这一思想产物首次明确选择国家、社会、个人三个不同的价值维度，并对每一维度的价值观做出具体概括。由此表明，我们党已深入理解了社会主义核心价值观的集体主

义特质，以三个不同价值维度内在一致的思想关系彰显了我们处理个人与集体价值关系的中国方式。因此，集体主义同社会主义在马克思科学社会主义理论中具有相同的本质内核，坚持集体主义就是坚持社会主义，集体主义是社会主义的本质属性。爱国主义是集体主义最有效的实现形式，其本质是以国家和民族为核心的集体主义精神。爱国主义、集体主义和社会主义，三位一体地构成了社会主义核心价值观的内在基础。

集体主义作为一个历史概念，随着社会主义建设，中国特色社会主义事业的发展，其内涵也是不断深化和丰富的。在社会主义革命时期，体现为太行精神、延安精神、井冈山精神、长征精神、西柏坡精神等在内的浴血奋战、牺牲奉献的集体主义精神；在社会主义建设时期，体现为铁人精神、大庆精神、大寨精神、雷锋精神、两弹一星精神、西迁精神等在内的艰苦创业、无私奉献的集体主义精神。习近平总书记在党的十九大报告中强调，"中国共产党人的初心和使命，就是为中国人民谋幸福，为中华民族谋复兴"，彰显了党始终不变的初心是"以人民为中心"，彰显了中国特色社会主义是改革开放和继续前进不变的主题，彰显了我们党永远不变的性质、宗旨和奋斗目标，凸显了中国共产党人始终不变的心系人民的初心和情怀。这一理论观点蕴含着中国共产党人伟大的集体主义思想，是集体主义思想在当代的最新发展。

学习贯彻党的十九大精神，践行社会主义核心价值观，落实到西安交大建设发展的具体工作中，就要始终坚持"扎根西部、服务国家、世界一

流"的办学定位,始终坚持立德树人这一根本任务,抓好文明校园创建工作,将培育和践行社会主义核心价值观贯穿人才培养全过程,教育引导青年学子扣好人生的第一粒扣子,努力成为德智体美劳全面发展的社会主义建设者和接班人。2017年度"中国大学生自强之星标兵"称号获得者、西安交大临床41班藏族姑娘白玛央金联合其他几位藏族同学组成"雪域女团"支教队,利用每年假期专程回到家乡,发挥所学专长,开展扶贫支教和卫生健康宣传活动,让更多高原上的孩子获得知识的力量,青年学子在广阔的社会实践中将个人、国家、民族命运相结合,在"大我"中不断实现着"小我"的擢升。"始终与党和国家发展同向同行",是陕西省"三秦楷模"称号获得者西安交通大学网络化系统工程团队始终不变的信仰。自团队组建以来,管晓宏院士带领网络化系统工程团队对准能源电力系统的安全优化、网络信息安全等国际学术前沿和国家急需的关键领域,不断攀登科研高峰,解决了多个国际公认难题,努力践行着新时代赋予知识分子的使命和担当,在广袤的西部大地上建功立业。

三、集体主义是新时代爱国奋斗的强大力量

"一心装满国,一手撑起家,家是最小国,国是千万家。"国家是社会主义建设事业的大集体,各个行业领域的无数集体是构成社会主义大家庭的个体。对集体主义最好的实践,就是融入新时代爱国奋斗的伟大事业中。

我们应当深刻认识到,在新时代爱国奋斗的伟大事业中,集体主义是坚实的精神力量。无论是经济领域的"共同富裕",还是"五位一体"的总

体布局，无论是指引未来的五大发展理念，还是"四个全面"的战略布局，无不体现出党对集体主义信念的坚守。"过去的一切运动都是少数人的，或者为少数人谋利益的运动。无产阶级的运动是绝大多数人的、为绝大多数人谋利益的独立的运动。"为大多数人的利益奋斗，这就是集体主义的价值观念。心齐才能干成事，这是历史的证明，也是现实的昭示。中国特色社会主义进入新时代，我国正处在从站起来、富起来到强起来的历史关口，面对着社会主要矛盾的变化，面对人民群众对美好生活的向往，我们必须要弘扬好集体主义精神，凝聚磅礴伟力全面建设社会主义现代化强国。

对于高校而言，如何在"双一流"建设过程中，深刻把握和理解集体主义的时代内涵，破解发展难题将是一项重大的现实问题和历史使命。目前，高校普遍存在的问题是，各个学科被不断地细分成各个专业，专业又进一步细分为方向。由此带来的是学科的科层化、碎片化趋势愈发明显，严重制约着学科间的有效交流，学科的实质性交叉与深层次融合比较困难。与此同时，第四次工业革命加速了技术的更新速度，产业的迭代此起彼伏，知识获取日趋扁平化，使得诸多实践也走在了理论研究的前面。因此，过往那种相对封闭与松散的"个体户"式的、"单兵作战"式的科研组织模式，已经不适应国家经济社会发展对重大科研的需求，难以有规模地聚集创新队伍和创新资源，不能适应当代科学技术发展不断产生新兴学科和交叉发展的需求。

新时代需要新思维，新形势需要新智慧。理智判断告诉我们，当前人

类社会进入风险社会阶段，社会结构的复杂性和风险的不确定性已经远远超出了之前任何人类社会形态。因此，单打独斗可以摆平所有问题的时代早已不复还了。孤胆英雄在今天更显得形单影只。"集体主义"依然是我们这个时代的重大命题。西安交大始终坚持"三个面向"的科技攻关方向，将创新驱动发展战略、建设世界科技强国作为科学研究的出发点和着力点，建成中国西部科技创新港。依托"大平台、大项目、大成果、大团队"的创新战略倒逼科研管理理念和体系的变革，从分散型向综合型转变，从直线式管理向矩阵式管理转变，从"单兵作战"向团队协作转变，实现高校科研力量的有效组织和整合，保持和提升新兴学术组织体制性、结构性的竞争优势。"我们期待它不是一个孤岛，而是在整个西部地区，乃至在全球高等教育发展中起到引领和示范作用，成为 21 世纪需要的大学。"这就是交大人在今天所认识和坚信的集体主义！

一个时代有一个时代的担当，一个时代有一个时代的梦想，经历了时代的变化、思想的动荡、人生的沧桑，一些东西无声无息地远去了、消失了，但大浪淘沙，一些东西却历久弥新，集体主义就是这样。集体主义在今天，已与爱国主义、英雄主义、乐观主义统一于中国特色社会主义旗帜之下，与不断发展的中国特色社会主义事业紧密地联系在一起。只有当我们携起手来，为祖国和民族的未来献出青春和力量，才能全面建成小康社会，实现中华民族伟大复兴的中国梦。

全心全意为人民服务的典范

——张思德

> 人总是要死的，但死的意义有不同。中国古时候有个文学家叫做司马迁的说过：人固有一死，或重于泰山，或轻于鸿毛。为人民利益而死，就比泰山还重；替法西斯卖力，替剥削人民和压迫人民的人去死，就比鸿毛还轻。张思德同志是为人民利益而死的，他的死是比泰山还要重的。
>
> ——毛泽东

"轰——"一声巨响，炭窑突然坍塌！两米多厚的窑顶无情地落下，瞬间掩埋了一个年轻的生命，他就是舍身救战友的人民英雄：张思德。

"人总是要死的，但死的意义有不同。中国古时候有个文学家叫做司马迁的说过：人固有一死，或重于泰山，或轻于鸿毛。为人民利益而死，就比泰山还重；替法西斯卖力，替剥削人民和压迫人民的人去死，就比鸿毛还轻。张思德同志是为人民的利益而死的，他的死是比泰山还要重的。"这

是 1944 年毛泽东同志在张思德追悼会上对其一生做出的高度评价，这不仅让张思德的精神世代相传，也深刻地诠释了共产党人亘古不变的追求——"为人民服务"的集体主义精神。

死亡泥沼急生智，战友遇险舍身救

茫茫无边的荒草地总是给人带来恐惧，战友们咬紧牙关强忍着病痛互相搀扶着向远方继续前进。一天天消瘦的张思德，仍坚持着为伤病员背枪，在泥水没踝的荒草滩上，深一脚浅一脚地负重前行。

"救我！快救我！"通信营一排的战士小李陷入了泥沼，拼命向上挣扎。眼看着泥沼将小李的身体一点一点吞噬，战友们却束手无策。这时，张思德急中生智对班长杜泽洲说："班长，我有办法！我趴在泥沼上，你踩在我身上，拉小李的左手，另外两个人也像咱们一样拉他的右手，试试看。"说完，他便毫不犹豫地趴在泥沼上。这一脚踩下去不说疼不疼，一不小心，张思德就有可能永远陷在这泥沼里。班长焦灼地思索着，站在那儿没动。张思德却急着冲他喊道："班长，快上呀，否则他会没命的！"看着张思德那急切而又坚毅的目光，班长抬起了脚……在另外两名战士的协助下，深陷泥沼的小李终于得救了。

挺身而出尝百草，心心念念皆他人

茫茫草地，毒草丛生。部队来到一片水草丰茂的沼泽旁宿营。一个小战士来到水塘边，忽然欢喜地叫起来："野萝卜！野萝卜！"张思德过来一瞧，果然离水塘不远的地方长着一丛丛野草，绿色的叶子，跟萝卜叶子十分相似。那个小战士兴冲冲地跑过去拔起一棵就往嘴里送。张思德忙赶上去一把夺过来先放到自己的嘴里，细细嚼了嚼。不一会儿，张思德感到有些头晕脑胀、全身无力。又过了一会儿，他感到肚子一阵绞痛，接着吐出一股股苦水。他急忙对小战士说："这草有毒，快，快告诉……"没等把话说完，张思德就晕倒了。半个多小时以后，张思德慢慢醒来，模模糊糊地看见小战士蹲在身边，他急忙说："不要管我，快去告诉其他同志。"

不计个人得与失，大局意识存心间

张思德曾爬过巍峨苍茫的雪山、踏过荒凉恶劣的草地、穿过枪林弹雨的战场；他也当过班长、烧过炭、养过鸡、喂过猪；他主动为驻地打扫卫生、铺石垫路、修补窑洞，兢兢业业做好每一项工作；他还经常帮助战友补洗衣服、编草鞋、喂战马、挑水烧火、采药防病、站岗放哨，带头帮助驻地群众劳动，努力干好每一件革命工作。

他和部队一起转战大江南北，从普通战士到班长，再到警卫战士，从血雨腥风的战场到平淡的大后方，对待工作上的职务升降和岗位调整，毫无怨言，满腔热情，从不挑三拣四。组织上派他去烧炭，他说："请领导和

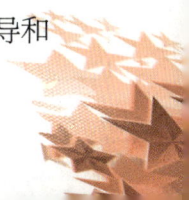

同志们放心，我是共产党员，为人民的利益，就是拼出命，也要把炭烧好。"
不管在哪里，他都能够在平凡的岗位上做出令人瞩目的成绩。

集体至上永不忘，年轻一生释信仰

1944 年 9 月 5 日一大早，天下起了毛毛细雨。地里的活儿干不成了，队长和张思德商量以后，决定临时组织一个突击队，进山赶挖几个新炭窑。张思德带着 8 名战士，一路唱着歌到了庙河沟的山林，分散在 3 个地方挖窑。

毛毛细雨下大了，张思德给另外两处的几个战士送去遮雨的麻袋后回来继续挖窑。跟他一起干的战士小白请求说："这回让我进去挖一会儿吧！"张思德见外面还在下雨，窑里也能容下两个人了，就说："好，进去多注意！"小白见他还要进去，劝他歇会儿。张思德说："我不累。我们得赶紧把炭窑挖成，好多出几窑炭。现在革命需要炭，领导和同志们需要炭，多出一窑，就是为抗战多作一份贡献！"说着，又钻进了窑里。

雨渐渐地停了下来。快到中午时，一眼炭窑就要挖成了。为了保证质量，张思德拿着小镢头开始修整窑面。突然，窑顶上"啪啪"掉下一些碎土。"快出去，有危险！"张思德大喊一声，一把将小白推出窑口，就在这时，"轰隆"一声，两米多厚的窑顶坍塌下来。小白在窑口被压住了半截身子，张思德被整个埋在土里。为了战友的安全，张思德献出了 29 岁的生命。

张思德的故事，岂是这一支笔可以写完的。他始终坚持"踏石留印，抓铁有痕"，始终把集体的利益放在第一位，把集体的事情、别人的事情看成是自己的事情，只要他看到别人需要，他就会积极主动去关心、去做，最终为了人民和集体的利益不惜牺牲自己的生命，这正是他内心信仰的最高表达。"平凡之中见伟大，细微之处见真情。"张思德的价值在于把崇高的道德修养和为人民服务相结合，将平凡的人生和自我的追求相统一。正是这种集体主义精神感召下的"积硅步以致千里，积小流以成江海"的行为让他从平凡升华为伟大。

社会主义核心价值观中"爱国、敬业、诚信、友善"，是公民的基本道德规范，是从个人行为层面对社会主义核心价值观基本理念的概括，是公民必须恪守的基本道德准则，也是评价公民道德行为选择的基本价值标准。张思德同志短暂而光辉的一生，可以说是践行了"爱国、敬业、诚信、友善"的一生。他对待同志、对待老乡就像对待自己的亲人一样，无微不至地为他人着想。张思德同志任劳任怨、干一行爱一行、关心他人胜过关心自己，永远是我们学习的光辉榜样。在进行社会主义核心价值观教育的今天，张思德同志就是一个生动的楷模，一面光辉的旗帜。

时代需要永远的张思德，民族不能没有英雄，学习张思德，将信仰凝聚在一起，发扬集体主义精神，形成一股强大的力量，推动祖国走向美好明天，实现中华民族伟大复兴的中国梦！

人物简介：

　　张思德（1915 年 4 月 19 日—1944 年 9 月 5 日），四川仪陇人，共产主义战士，全心全意为人民服务的典范。张思德 1933 年 12 月参加红军，不久加入共青团，1937 年 10 月，加入中国共产党，曾经担任中央警备团警备班长和毛泽东的警卫员。1944 年 9 月 5 日，他带领战士们在陕北的安塞县执行烧炭任务时牺牲，年仅 29 岁。2009 年 9 月，张思德被评为"100 位为新中国成立做出突出贡献的英雄模范人物"之一。

知识链接：

　　为了悼念张思德，中央机关和中央警卫团在延安凤凰山下枣园沟口的操场上为张思德举行追悼大会。毛泽东参加了追悼会，亲笔题写了"向为人民利益而牺牲的张思德同志致敬"的挽词，并发表了《为人民服务》的演讲，高度赞扬了张思德完全、彻底为人民服务的思想境界和革命精神。

为人民服务

　　我们的共产党和共产党所领导的八路军、新四军，是革命的队伍。

我们这个队伍完全是为着解放人民的，是彻底地为人民的利益工作的。张思德同志就是我们这个队伍中的一个同志。

人总是要死的，但死的意义有不同。中国古时候有个文学家叫做司马迁的说过：人固有一死，或重于泰山，或轻于鸿毛。为人民利益而死，就比泰山还重；替法西斯卖力，替剥削人民和压迫人民的人去死，就比鸿毛还轻。张思德同志是为人民利益而死的，他的死是比泰山还要重的。

因为我们是为人民服务的，所以，我们如果有缺点，就不怕别人批评指出。不管是什么人，谁向我们指出都行。只要你说得对，我们就改正。你说的办法对人民有好处，我们就照你的办。"精兵简政"这一条意见，就是党外人士李鼎铭先生提出来的；他提得好，对人民有好处，我们就采用了。只要我们为人民的利益坚持好的，为人民的利益改正错的，我们这个队伍就一定会兴旺起来。

我们都是来自五湖四海，为了一个共同的革命目标，走到一起来了。我们还要和全国大多数人民走这一条路。我们今天已经领导着有九千一百万人口的根据地，但是还不够，还要更大些，才能取得全民族的解放。我们的同志在困难的时候，要看到成绩，要看到光明，要提高我们的勇气。中国人民正在受难，我们有责任解救他们，我们要努力奋斗。要奋斗就会有牺牲，死人的事是经常发生的。但是我们想到人民的利益，想到大多数人民的痛苦，我们为人民而死，就是死得其所。不过，我们应当尽量地减少那些不必要的牺牲。我们的干部要关心每一个战士，一切革命队伍的人都要互相关心，互相爱护，互相帮助。

今后我们的队伍里，不管死了谁，不管是炊事员，是战士，只要他是做过一些有益的工作的，我们都要给他送葬，开追悼会。这要成为一个制度。这个方法也要介绍到老百姓那里去。村上的人死了，开个追悼会。用这样的方法，寄托我们的哀思，使整个人民团结起来。

伟大的觉醒者

——五四青年

　　五四运动，爆发于民族危难之际，是一场以先进青年知识分子为先锋、广大人民群众参加的彻底反帝反封建的伟大爱国革命运动，是一场中国人民为拯救民族危亡、捍卫民族尊严、凝聚民族力量而掀起的伟大社会革命运动，是一场传播新思想、新文化、新知识的伟大思想启蒙运动和新文化运动，以磅礴之力鼓动了中国人民和中华民族实现民族复兴的志向和信心。

　　1914年第一次世界大战爆发。8月23日，日本借口对德国宣战，于11月7日攻占青岛和胶济铁路全线，控制山东省，夺取了德国在山东强占的各种权益。

　　1915年1月，日本提出妄图灭亡中国的条款"二十一条"，并要求"绝对保密，尽速答复"。此后日本威逼利诱，交涉历时五个月，企图迫使民国

大总统袁世凯签订不平等条约，把中国的领土、政治、军事及财政等置于日本的控制之下。在日本的胁迫下，袁世凯接纳了其中大多数要求，签订了《中日民四条约》。

1917 年 8 月，北洋政府宣布参加一战，派出 10 余万劳工为协约国做后勤工作。1918 年末以德国为首的同盟国战败，一战结束。

1919 年 1 月 18 日，战胜国在法国巴黎召开所谓的"和平会议"，中国代表团以战胜国身份参加和会，提出取消列强在华的各项特权，废除日本帝国主义与袁世凯订立的不平等条约，归还大战期间日本从德国手中夺去的山东各项权利等合理要求。但巴黎和会在帝国主义列强操纵下，他们不但拒绝了中国代表提出的正义要求，而且决定将德国在中国山东的权益全部转让给日本。

消息传到中国后，群情激愤，蕴藏在人民群众心中的爱国怒火被点燃，像火山一样爆发了。学生、工商业者、教育人士和许多爱国团体纷纷通电，斥责日本的无礼行径，并且要求中国政府坚持国家主权。在这种情况下，和会代表提交了关于山东问题的说帖，要求归还中国在山东的德租界和胶济铁路主权，以及要求废除《二十一条》等不合法条约。然而，北洋政府屈服于帝国主义的压力，准备签订《协约国和参战各国对德和约》，即《凡尔赛和约》。

4月24日，梁启超从巴黎致电国民外交协会："对德国事，闻将以青岛直接交日本，因日使力争结果，英法为所动。吾若认此，不啻加绳自缚，请警告政府及国民，严责各全权（代表），万勿署名，以示决心。"

4月29日、30日，英、美、法3国代表召开会议，日本代表应邀出席，议定了《凡尔赛和约》中关于山东问题的条款，将德国在山东所攫取的权益让与日本。5月2日，北京政府以密电通知中国代表可以签约。外交委员会事务长林长民在《晨报》《国民公报》撰文呼吁："山东亡矣，国将不国矣，愿合四万万众誓死图之。"

北京大学校长蔡元培将外交失败消息通报学生，5月3日晚，北大学生在北河沿北大法科礼堂召开学生大会，并约请北京13所中等以上学校代表参加，决定在第二天举行示威游行。

5月4日上午10时，学生代表在法政专门学校召开碰头会，商定了游行路线。下午1时，3000余名学生从北京的四面八方汇集天安门，喊出"誓死力争，还我青岛""收回山东权利""拒绝在巴黎和约上签字""废除《二十一条》""外争主权，内除国贼"等口号。在短暂的集会演说之后，队伍向使馆区进发，行至东交民巷西口，受到巡捕阻拦，于是学生们推举代表请求会见四国公使。仅美国使馆人员接受了学生的陈词书，英法意使馆均以公使不在为由拒绝接受。3000余名学生在烈日下整整晒了两个小时，见使馆区不能通过，更加义愤满腔，队伍转向赵家楼的曹汝霖住宅。学生们边行进、边宣传，《每周评论》报道称"许多人民看见掉泪，许多西洋人看见脱帽喝彩，又有好些巡警也掉泪"。

5月5日，北京各大专学校罢课，远在郊外、未参加4日行动的清华大学学生宣布"从今日起与各校一致行动"。5月19日，北京两万余名学

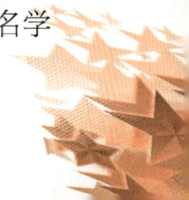

生再次宣告罢课，之后开展演讲、抵制日货、发行爱国日刊等活动，并组织"护鲁义勇队"。北京学生点燃的爱国火焰，迅速燃遍了各大城市，上海、武汉、长沙、广州等城市的学生也都纷纷行动起来。具有马克思主义思想的知识分子李大钊、陈独秀、毛泽东、周恩来等，分别在北京、长沙、天津指导了这个伟大的反帝爱国运动。

在学生的带动下，工人阶级登上了历史舞台。以无产阶级为主力，社会各界联合起来，全国各大城市相继罢课、罢工、罢市，声援北京学生，使爱国运动发展到新阶段。面对强大的社会舆论压力，北京政府罢免了曹汝霖、张宗祥、陆宗舆的职务，总统徐世昌提出辞职。6月28日，中国代表拒绝在《凡尔赛和约》上签字。

集
体
主
义

知识链接:

1939 年,在纪念五四运动 20 周年的时候,陕甘宁边区西北青年救国联合会决定 5 月 4 日为中国青年节(又称五四青年节)。1949 年,中华人民共和国政务院正式宣布 5 月 4 日为中国青年节。

县委书记的好榜样

——焦裕禄

兰考这块地方，是同志们用鲜血换来的。先烈们并没有因为兰考人穷灾大，就把它让给敌人，难道我们就不能在这里战胜灾害？

焦裕禄，山东省淄博市博山区崮山乡北崮山村人，1922 年 8 月 16 日出生在一个贫苦家庭。因生活所迫，幼年时代只读了几年书就在家参加劳动。

抗日战争期间，焦裕禄家中的生活非常困难。他的父亲焦方田走投无路，

被逼上吊自杀。日伪统治时期，焦裕禄曾多次被日寇抓去毒打、坐牢，后又被押送到抚顺煤矿当苦工。焦裕禄忍受不了日寇的残害，于1943年秋天逃出虎口，回到家中。后来因无法生活下去，又逃到江苏省宿迁县，给一家姓胡的地主做了两年长工。

1945年抗日战争胜利后，焦裕禄从宿迁县回到了自己的家乡。当时他的家乡虽然还没有解放，但是，共产党已经在这里领导人民群众进行革命活动，焦裕禄主动要求当了民兵。他当民兵后，还参加了解放博山县的战斗。

1946年1月焦裕禄加入中国共产党。不久，他又正式参加了本县武装部的活动，在当地领导民兵，坚持游击战争。解放战争时期，他带领民兵参加了不少战斗，后来又调到渤海地区参加土地改革复查工作，曾担任组长。

解放战争后期，焦裕禄随军离开山东，到了河南。他到河南后被分配到尉氏县工作，一直到1951年。他先后担任过副区长、区长、中共区委副书记、青年团县委副书记等。而后又被先后调到青年团陈留地委和青年团郑州地委工作，担任过团地委宣传部长、第二副书记等职。

1953年6月，焦裕禄响应党的号召，被调到洛阳矿山机器制造厂参加工业建设，直到1962年。他在这个工厂担任过车间主任、科长。在此期间，焦裕禄还到大连起重机厂实习了一年多。1962年6月，为了加强农村工作，焦裕禄又被调回尉氏县，任县委书记处书记。1962年12月，焦裕禄被调到兰考县，先后任县委第二书记、书记。

兰考县地处豫东黄河故道，是个饱受风沙、盐碱、内涝之患的老灾区。

焦裕禄踏上兰考土地的那一年冬天，正是这个地区连续 3 年遭受自然灾害较严重的一年，全县粮食产量下降到历年最低水平。他从到任的第二天开始，就深入基层调查研究，他说，"吃别人嚼过的馍没味道。"在一年多的时间里，他拖着患有慢性肝病的身体，跑遍了全县 140 多个大队中的 120 多个。

在带领全县人民封沙、治水、改地的斗争中，焦裕禄同志身先士卒，以身作则。风沙最大的时候，他带头去查风口、探流沙；大雨瓢泼的时候，他带头趟着齐腰深的洪水查看洪水流势；风雪铺天盖地的时候，他率领干部访贫问苦，登门为群众送救济粮款。他经常进入农民的草庵、牛棚，同农民同吃、同住、同劳动。他把农民同自然灾害斗争的宝贵经验，一点一滴地集中起来，成为全县人民的共同财富，也成为全县人民战胜灾害的有力武器。

焦裕禄对同志、对人民满腔热情。他常说，共产党员应该在群众最困难的时候，出现在群众的面前；在群众最需要帮助的时候，去关心群众、帮助群众。他的心里装着全县的人民群众，唯独没有他自己。他经常肝部痛得直不起腰、骑不了车，即使这样，他仍然用手或硬物顶住肝部，坚持工作、下乡，直至被县委强行送进医院。

1964 年 5 月 14 日，焦裕禄被肝癌夺去了生命，年仅 42 岁。他临终前对组织上唯一的要求，就是"把我运回兰考，埋在沙堆上，活着我没有治好沙丘，死了也要看着你们把沙丘治好"。

同年 11 月，河南省省委号召全省干部学习焦裕禄同志忠心耿耿地为党为人民工作的革命精神。1966年2月7日，《人民日报》发表长篇通讯《县委书记的榜样——焦裕禄》，全面介绍了焦裕禄的感人事迹，同时还刊登了《向毛泽东同志的好学生——焦裕禄同志学习》的社论。随后，全国各种报刊先后刊登了数十篇文章通讯，在全国掀起了一个学习焦裕禄的热潮，1990年5月10日，《人民日报》发表了《领导干部要学焦裕禄》的社论，在神州大地再次掀起学习焦裕禄的热潮。焦裕禄同志是各级干部学习的榜样。

焦裕禄作为党的领导干部，在生活和工作中不搞特殊，勤俭节约，不贪图享乐。他的心中始终装着党的事业和兰考县几万人的生计，始终把集体利益放在首位。他曾经专门起草了一个"干部十不准"的文件，规定任何干部不准特殊化。这个"干部十不准"的文件，是一份既平常又不平常的文件。说它平常，是因为它所规定的每一条，都是每个共产党员、革命干部应该时刻想到、做到的起码准则；说它不平常，是因为它所规定的每一条准则，都闪耀着共产主义的思想光辉，都是对特权思想的有力批判。有一次，有位干部提出要装潢一下领导干部的办公室，焦裕禄同志严肃地说："坐在破椅子上不能革命吗？兰考的灾区面貌还没有改变，群众的生活还有困难，富丽堂皇的事不但不能做，就是想一想也很危险。"而在生活中，焦裕禄始终保持艰苦朴素的作风，他长期有病，家里人口又多，生活比较困难，可是他坚决拒绝接受救济。他说："兰考，是个重灾县，人民的生产、生活都很困难，我们应该首先想到他们。要把这些钱用到改变兰考县面貌的伟大事业上去，用到改善兰考人民的生活上去。"焦裕禄的衣、帽、鞋、袜都

是拆洗很多次，补了又补，缝了又缝的，虽然破旧得很厉害，但是他总是舍不得换。他的爱人徐俊雅同志最后生气了，不给他补，他就自己动手补。

焦裕禄当年带领群众为了防风固沙栽种的泡桐树，如今已培植成了河南的一个特色。截至 2014 年，兰考县泡桐产业年产值已达 60 多亿元，全县泡桐从业人员达 6 万多人。而他在兰考县担任县委书记时所表现出来的"亲民爱民、艰苦奋斗、科学求实、迎难而上、无私奉献"的精神，感召、鼓舞了一代又一代党员干部和普通群众。

人物简介：

　　焦裕禄（1922 年 8 月 16 日—1964 年 5 月 14 日），革命烈士。1946 年焦裕禄加入中国共产党，1962 年他被调到河南省兰考县担任县委书记。时值该县遭受严重的内涝、风沙、盐碱三害，焦裕禄坚持实事求是群众路线的领导方法，同全县干部和群众一起，与严重的自然灾害进行顽强斗争，努力改变兰考面貌。他身患肝癌，依旧忍着剧痛，坚持工作，被誉为"党的好干部""人民的好公仆"。

知识链接：

　　"焦裕禄精神"是一种向焦裕禄同志学习的精神。焦裕禄用自己的行动，塑造了一个优秀共产党员和优秀县委书记的光辉形象，铸就了亲民爱民、艰苦奋斗、科学求实、迎难而上、无私奉献的"焦裕禄精神"。无论过去、现在还是将来，都永远是亿万人民心中一座永不磨灭的丰碑，永远是鼓舞我们艰苦奋斗、执政为民的强大思想动力，永远是激励我们求真务实、开拓进取的宝贵精神财富，永远不会过时。

烈火中永生

——邱少云

戮穿纸虎功长在，缚住苍龙志不磨。
邻国金星留纪念，英雄肝胆照河山。

——郭沫若

在朝鲜 391 高地上耸立着一座石壁，上面镌刻着一行鲜艳夺目的红漆大字："为整体、为胜利而自我牺牲的伟大战士邱少云同志永垂不朽！"这饱含着朝鲜人民和中国人民志愿军对邱少云深深的敬意与追思。

1926 年，邱少云出生于四川省铜梁县关溅乡（今重庆市铜梁区少云镇）玉屏村邱家沟的一个贫苦农民家庭。邱少云幼年就失去了双亲，在旧社会黑恶势力的压迫剥削下，孤苦无依，13 岁迫于生计开始做长工。1949 年 4

月，国民党反动派垂死挣扎，妄图挽救西南一隅，逼穷人当壮丁，邱少云在被强迫捆绑下当了壮丁，饱受挨打、挨骂的辛酸。悲惨的家庭遭遇、苦难的童年生活，在他幼小的心里埋下了盼望光明、盼望解放的种子。

1949 年，刘邓大军奉党中央之命挥师南下，于同年 12 月解放了四川，劳苦大众获得了新生。邱少云毅然参加了中国人民解放军，被编进了当时的人民解放军第 10 军 29 师 87 团 9 连。1950 年秋，邱少云随连队参加四川内江地区剿匪，在高梁镇战斗中带病参战，奋勇当先，深入匪巢，毙伤匪徒 10 余名，协同战友活捉匪首。

1950 年 10 月，抗美援朝战争爆发。在"抗美援朝，保家卫国"的伟大号召下，邱少云参加了中国人民志愿军，赴朝作战。部队开赴前线途中，他曾冒着美军飞机的扫射轰炸，从燃烧的居民房屋里救出 1 名朝鲜儿童。

1952 年 10 月，上甘岭战役即将打响，邱少云所在部队接受了一项光荣而艰巨的任务——消灭盘踞在距离上甘岭主峰大约 3 公里的 391 高地的"联合国军"，把战线向南推进。

这一战是全线战术反击作战的首战，29 师师长张显扬不敢有丝毫懈怠，带着参谋人员亲抵战场最前沿。在看清 391 高地的形势之后，他倒吸了一

口冷气——全线战术反击中最难啃的"硬骨头"让29师碰上了。敌人牢固的工事、易守难攻的高地地形等不利因素倒在其次，真正让张显扬犯愁的是391高地前长达3公里的开阔地带没有掩护，完全被敌人的火力覆盖封锁。唯一的有利因素是地上杂草、灌木丛生，趴在里面静止不动，不会轻易被敌人发现。

为了缩短进攻距离，便于向敌人发起突然攻击，出奇制胜，29师把进攻计划分成两步：第一天晚上匍匐隐蔽，接近敌人；第二天晚上发起进攻。这也就意味着在两个夜晚之间，部队要在敌人的眼皮底下潜伏整个白天，把自己当成石头、当成土地一动不动，一旦暴露，必将是灭顶之灾。

29师把进攻391高地的任务下达给87团，87团把主攻第一梯队的任务交给了9连。邱少云是9连的战斗骨干，本来是当仁不让的突击队员，却两次险些错过了这次战斗。

邱少云是连里的爆破组尖兵。在模拟进攻演练中，一向战术突出的他忽然动作走形，拖泥带水，很多战术不能顺利完成。连长恼了，把邱少云撤出了作战名单，邱少云当时没说什么。第二天卫生员告诉连长，邱少云的腿上长了一个小孩拳头大的脓包，暂时不能处理，一碰就疼，影响了演练的动作。但在演练的当天晚上，邱少云要求把脓包处理掉，连皮带肉剜下脓包，鲜血淋漓，他硬是一声没吭。连队干部知情后深受感动，问他为什么自己不解释，邱少云说："说那些大话干什么，谁是英雄谁是好汉战场上见。"

邱少云的名字回到了作战名单中，但是临战之前细化任务，他发现自己并不在执行潜伏任务的第一梯队。邱少云找到连长要求参加潜伏，连长告诉他，考虑到潜伏任务的危险性太大，团里决定只让党员、团员参加，其他人做后备队。邱少云只得服从命令，但思想上并不接受，一向少言寡语的他居然哭起了鼻子。

那天，正好29师师长张显扬到9连来检查战备，还没到连部，就先看到蹲在角落里抹眼泪的邱少云，战斗在即，战士却在哭鼻子，他很生气。邱少云倔强地说："连里不让我参加潜伏，他们不把我当个兵看。"原来是求战心切，张显扬当即对他刮目相看，气可鼓不可泄，特批他参加潜伏。

受潜伏名单这件事情的触动，邱少云在战前向党组织提交了入党申请书："宁愿自己牺牲，决不暴露目标，为了整体，为了胜利，为了中朝人民和全人类的解放事业，愿献出自己的一切。"

11日晚，全副武装的战士们按预定计划迅速分散开，隐蔽潜入391高地附近。邱少云和战友在高地东边一条蒿草丛生的土坎旁边潜伏着，处在整个进攻阵型的最前端，距离敌人阵地前沿不足60米。天刚蒙蒙亮，战士们首先看到的是391高地上的层层铁丝网和堡垒。一挺挺机枪直对着山下，持枪的敌人在山脊上的交通壕里来回走动，还不时地用望远镜朝山下观望。

12日上午十点多，意外情况发生了。敌人的一个班走出工事向山脚下走来。潜伏好就是胜利，邱少云和战友们继续坚定、沉着地潜伏着。敌人越走越近了……突然，有两名战士被敌人发现了，敌人吓得倒退了两步，慌张地乱扫了一通子弹，扭头就朝山顶上逃跑。为了不暴露潜伏的机密，

指挥员立刻下达命令：用炮火消灭这股敌人！顿时，炮声隆隆，一个班的敌人全部被歼灭在山腰中。

半个钟头后，南边飞来数架敌机，投下了燃烧弹。有一颗燃烧弹落在离邱少云两米远的草地上，飞迸的燃烧液溅到他的左腿上，转眼间，插在他脚上的蒿草烧着了，火势迅速蔓延到他的身上。为了不暴露目标，确保战友们的安全和战斗的胜利，他放弃了自救，咬紧牙关，纹丝不动，把手深深地插入泥土里，任由烈火在身上燃烧，直至壮烈牺牲。

下午五点三十分，进攻的号角吹响了，战友们怀着满腔复仇的怒火，呐喊着"为邱少云同志报仇！"以排山倒海之势向敌人扑去。两颗红色信号弹腾空而起，敌人的一个加强连全部被歼灭，391 高地上飘扬着我军胜利的红旗。

战后，为了表彰邱少云同志崇高的集体主义精神和顽强的战斗意志，上级军党委根据邱少云生前意愿，追认邱少云为中国共产党党员；邱少云被志愿军总部授予"一级英雄"荣誉称号，并追记特等功。

集体主义

人物简介：

邱少云（1926年—1952年10月12日），出生于重庆市铜梁区少云镇玉屏村邱家沟，革命烈士。邱少云9岁丧父、11岁丧母、13岁被国民党军队抓去当兵。1949年12月他参加中国人民解放军，为第15军第29师第87团第9连战士，1951年3月他参加中国人民志愿军赴朝作战，1952年10月12日因美军燃烧弹发落在邱少云潜伏点附近，火势蔓延全身，为避免暴露，他放弃自救，壮烈牺牲，年仅26岁。1953年8月邱少云被追认为中国共产党党员，授予"一级英雄"荣誉称号，并追记特等功。1953年6月，朝鲜民主主义人民共和国最高人民会议常任委员会授予邱少云"朝鲜民主主义人民共和国英雄"称号和金星奖章、一级国旗勋章。2019年9月，邱少云入选"最美奋斗者"个人名单。

知识链接：

为隆重庆祝中华人民共和国成立70周年，经党中央批准，中央宣传部、中央组织部、中央统战部、中央和国家机关工委、中央党史和文献研究院、

教育部、人力资源和社会保障部、国务院国资委、中央军委政治工作部近日联合印发通知，部署在全国城乡开展"最美奋斗者"学习宣传活动。

在隆重庆祝中华人民共和国成立 70 周年的时候，中央宣传部等部门在全国城乡开展"最美奋斗者"学习宣传活动，让一个个"最美奋斗者"走近我们身边，激励我们见贤思齐、锐意进取，在新时代展现新气象、新担当、新作为，承担起中华民族伟大复兴的历史重任。

"最美奋斗者"是共和国建设者、新时代奋斗者。他们与祖国共成长、共奋斗，生动具体地体现了伟大的民族精神和时代精神，践行着"幸福源自奋斗、成功在于奉献、平凡造就伟大"的价值理念。

"最美奋斗者"是我们学习的榜样，向"最美奋斗者"致敬！

杂交水稻之父

——袁隆平

他是一位真正的耕耘者。当他还是一个乡村教师的时候，已经具有颠覆世界权威的胆识；当他名满天下的时候，却仍然只是专注于田畴。淡薄名利，一介农夫，播撒智慧，收获富足。他毕生的梦想，就是让所有人远离饥饿。喜看稻菽千重浪，最是风流袁隆平！

——《感动中国》2004 年度人物袁隆平颁奖辞

瘦小的身子，高高的颧骨，背微驼，小平头，古铜色的脸庞爬上了些许老年斑，宽阔的额头刻下了岁月的痕迹，晒得黝黑的手臂被稻叶划上了一道道伤痕。他就是袁隆平，一位殷勤付出一生心血，至今还奋斗在科研第一线的老科学家。他以自己不懈的努力和才华，在古老的土地上创造了非凡的奇迹——目前，在我国，有一半的稻田里播种着他培育的杂交水稻，每年收获的稻谷 60％源自他培育的杂交水稻种子。

有多少人知道，袁隆平已经快 90 岁了。就是这样一位步入暮年的老人，每天还在为着祖国的事业奔走四方。就是这样一位看似有些土气的"农民"，在充满坎坷的研究道路上奋力跋涉，把绿色的"梦想"书写在大地之上；在布满荆棘的实验丛林中踽踽前行，呕心沥血。历经无数次的挫折和失败，为生命中弥足珍贵的杂交水稻事业无怨无悔，倾其一生；历经数十载的不懈探索和艰难实践，终于取得了成功！

1930 年出生的袁隆平，经历过战火，经历过饥荒。多少年过去了，那个站在台上颤颤巍巍的老人，依旧没有忘记儿时的梦想：要让每一个中国人都吃饱。为了杂交水稻，袁隆平几乎奉献了自己的一切，知识、汗水、灵感、心血，没有什么不是为了那梦寐以求的杂交水稻。

现为中国工程院院士的袁隆平，从 20 世纪 60 年代开始致力于杂交水稻的研究，经过 12 年的努力，成功培育出了"三系杂交稻"。从 1976 年到 1989 年，推广种植杂交水稻 35 亿亩，增产稻谷 3500 亿公斤，相当于解决了 3500 万人口的吃饭问题，使我国以仅占世界 7% 的耕地，养活了占世界 22% 的人口。袁隆平终于实现了"农民不再挨饿"的梦想。

1953 年，从西南农学院农学系毕业的袁隆平，为了追求心中的梦想，毅然从重庆来到了偏僻的湘西雪峰

山旁的安江农校任教。在安江农校，他一待就是 19 年。回顾在安江农校的教学生涯，袁隆平感触良深："我在教学过程中，积累了较多的生物学知识和农业生产实践经验。因此在以后的作物育种科研中，才有了一定的发现问题、分析问题和解决问题的能力。"在那里，袁隆平以非凡的努力不断进行着知识与经验的积累，为将来的科研打下了基础。然而，自然灾害造成的大饥荒，使袁隆平的心灵受到强烈地震撼，这场梦魇般的饥荒最终促使他全力以赴地编织杂交水稻梦。他清楚地意识到：国以人为本，民以食为天，是人类的生存法则。袁隆平暗自立下誓言：一定要研究出高产的杂交水稻，让天下受苦的百姓都能吃饱饭，让人类远离饥饿！他根据自己对生物遗传学的深入研究，同时，仔细观察和反复推敲，论证了先前"鹤立鸡群"的稻株就是天然杂交稻！安江农校成为袁隆平腾飞的起点。从此，袁隆平的杂交水稻高产梦启程了。

20 世纪 60 年代初期，一场罕见的饥荒席卷神州大地。安江农校宁静的校园也无法幸免。袁隆平为这沉痛的现实深深感到不安。在这种情况下，青年袁隆平响应党的号召，和学生们一起来到黔阳县的硖州公社秀建大队支农。

"三年困难时期，我亲眼见过有人饿死倒在路边、田坎上，很多人因饥饿得了浮肿病。那时候人们每天想的就是能吃顿饱饭。"回忆起当年的那场灾难，袁隆平的济世情怀，那种对生命的真挚地呵护与关爱，让人感受到了一位伟大科学家内心的崇高与博大。

为了通过科研的力量在实践中一步步接近这个梦想，袁隆平以一种义无反顾的精神一头扎进了杂交水稻这个世界性的难题中。袁隆平迈开了双腿，走进了水稻的莽莽绿海，去寻找一株从未见过、而且中外资料均未报道过的水稻雄性不育株。时间一天天过去，袁隆平头顶烈日，脚踩烂泥，驼背弯腰，一穗一穗地观察、寻找。"功夫不负有心人"，终于在第 14 天发现了一株雄花花药不开裂、性状奇特的植株，袁隆平欣喜若狂。又经过 8 年，袁隆平历经磨难"过五关"：提高雄性不育率关、三系配套关、育性稳定关、杂交优势关、繁殖制种关，到 1974 年配制种子成功，并组织了优势鉴定。

不为别的，就为了让现实中落后、贫困的农村能变得富饶而美丽，他所经历的困苦与磨难超出了常人的想象。但他数十年如一日地坚持着、努力着，"真的，我从没后悔，我这个人有点痴，认准的一定要走到底。"他一直这样说，也一直这样做。

1974 年的春天，那是一个灿烂的春天。袁隆平生命中的春天也随之到来。他亲自培育的中国第一个强优势杂交水稻"南优 2 号"，在安江农校试种时，667 平方米（即一亩地）生产 628 公斤水稻。一石激起千层浪，此事引起国务院的高度重视。1975 年冬，国务院决定大面积推广杂交水稻，1976 年定点示范田 208 亩获得大丰收。

作为杂交水稻研究领域的开创者和带头人，袁隆平致力于杂交水稻的研究，他先后成功研发出"三系法"杂交水稻、"两系法"杂交水稻、超级杂交稻一期、二期，与此同时，袁隆平提出并实施"种三产四丰产工程"，运用超级杂交稻的技术成果。

2019 年 6 月 7 日，袁隆平海水稻团队在新疆塔克拉玛干沙漠边缘试种，未来 3～5 年内，这片盐碱地有望化为良田。黄沙变稻田，不再是幻想。

从 20 世纪 80 年代至今，袁隆平和他的团队，通过开办杂交水稻培训国际班，已经为近 80 多个发展中国家，培训了 14000 多名杂交水稻的技术人才。目前，全球有 40 多个国家和地区，实现了杂交水稻的大面积种植，每年种植面积达 700 万公顷，比普通水稻增产 20% 以上。谈到为什么要让杂交水稻的技术在全世界共享，袁隆平这样回答："全球有 1 亿 6 千万公顷稻田，如果一半有 8 千万公顷，按现在的情况，每公顷增产 2 吨，可以增产 1 亿 6 千万吨稻谷，可以多养活 5 亿人口，这是我的梦想。"

现今的袁隆平，仍旧在培育杂交水稻的领域里不断奋进、不断创新，那种淳美与质朴，时刻透出一位科学巨人所特有的崇高品质与境界。

人物简介：

　　袁隆平，1930 年 9 月 7 日生于北京，江西省九江市德安县人，中国杂交水稻育种专家，中国研究与发展杂交水稻的开创者，被誉为"世界杂交水稻之父"。袁隆平是国家杂交水稻工程技术研究中心、湖南杂交水稻研究中心原主任、湖南省政协原副主席、中国工程院院士、第六、七、八、九、十、十一、十二届全国政协常委。

知识链接：

　　杂交水稻（hybrid rice）指选用两个在遗传上有一定差异，同时它们的优良性状又能互补的水稻品种进行杂交，生产具有杂种优势的第一代杂交种。一般杂交水稻仅指由两个遗传背景相同的不育系和恢复系杂交后形成的第一代杂交种。目前，大面积推广的杂交水稻主要是利用水稻雄性不育系作为遗传工具。中国是世界上第一个成功研发和推广杂交水稻的国家。杂交水稻具有个体高度杂合性，杂种后代会出现性状分离，所以需要每年制种。

诺贝尔生理学或医学奖获得者

——屠呦呦

青蒿一握，水二升，浸渍了千多年，直到你出现。为了一个使命，执着于千百次实验，萃取出古老文化的精华，深深植入当代世界，帮人类渡过一劫。呦呦鹿鸣，食野之蒿，今有嘉宾，德音孔昭。

——《感动中国》2015年度人物屠呦呦颁奖辞

"呦呦鹿鸣，食野之蒿……"中国中医科学院的首席科学家屠呦呦的名字便取自于此。在她诞生当天，其父屠濂规难掩心中喜悦之情，又为这句诗对了一句——"蒿草青青，报之春晖"。然而，令所有人都意想不到的是，这两句诗竟成了屠呦呦的真实写照。

一位朴实无华的中国老人，却有着许许多多的头衔："第一位获得诺贝尔科学奖项的中国本土科学家""第一位获得诺贝尔生理学或医学奖的华

人科学家"……这一个个"第一"无不彰显着屠呦呦的成就。"蒿草青青，报之春晖"，屠呦呦执着地致力于造福人类的科学研究，她和她的团队的辛勤付出更是对集体主义精神最好的诠释。

幼年的屠呦呦很喜欢和父亲一起待在书房，小小的手里捧着书翻看。她最喜欢看的莫过于《黄帝内经》《伤寒杂病论》等中医药方面的书籍，只因为这些书里有很多绘制精美的插图。受父亲的影响，屠呦呦从小就酷爱阅读和钻研，而她日后为造福人类而执着钻研的善良品质则是受益于她的母亲姚仲千。屠呦呦的母亲出生于大户人家，温婉贤淑，是一位典型的贤妻良母。在对屠呦呦的教育上，母亲总是以身作则，用自己的温柔善良加以引导，这在当时屠呦呦的幼小心灵里种下了善良的种子，以至于日后甘愿为了病人的幸福奉献自己的一生。

屠呦呦的幼年生活一直被爱包围着，直到一场厄运悄然而至……16岁的屠呦呦经确诊患上了肺结核，这种病在当时是令所有人都闻风丧胆的"死神宣判"。可是屠濂规并没有放弃女儿，基于自己对中医药的研究，他始终坚信中医可以治好女儿的病。于是在长达两年的时间里，屠呦呦每日都要喝中药。终于功夫不负有心人，在父母的悉心照料下，屠呦呦的肺结核逐渐好转。经历过这次与死神的直面交锋，屠呦呦更加坚定了自己学习中医的决心。而在很多年后的一次采访中，屠呦呦提起这段往事时说："那一次的劫后重生让我意识到如果学会了中医药学，不仅可以使自己远离病魔，更重要的是可以救治更多的人，何乐而不为呢？"原来，"集体主义"的萌芽不过是简简单单的"治己救人"。

病愈后的屠呦呦进入了宁波私立效实中学求学，在这里求学的两年对高中时期的屠呦呦有着深刻的影响。说起效实中学就不得不提到它的建立者何育杰先生，他是我国早期的物理学家、教育家。何育杰出生于1882年，当时变法的浪潮席卷全国。为了响应变法，强民富国，何育杰选择远赴英国，以学"西方之法"。1911年，深受西方教育熏陶的何育杰回到宁波，秉承着"以私立之经营，施实用之教育，为民治导先锋"的观念，联合宁波文化名人陈训正等人创立了效实学会，它就是效实中学的前身。进入效实中学学习，屠呦呦就像是进入了生物医学的象牙塔，每日刻苦学习，尽情钻研，而效实中学的教学理念一直在她心中不曾忘却。"以私立之经营，施实用之教育"，也正是秉承着这样的信念，屠呦呦才能以一己之力对抗疟疾，造福更多的人。

整个高中时期，屠呦呦的生物成绩非常优秀，其他科目也都比较均衡。1951年，她更是凭借着优异的成绩顺利考入了北京医学院。经过四年的深造，屠呦呦一毕业就被分配到了中医研究院工作。在这个地方，屠呦呦迎来了人生中的许多挑战，不管是前期的"抗击血吸虫战役"，还是后来代号"523"的秘密任务。也就是从那时候开始，屠呦呦便开启了她的漫漫抗疟

之路。自此之后，"青蒿"便伴随了她的一生。在屠呦呦被任命为中药所"523"课题组组长的时候，她也刚刚迎来了自己的小女儿李军。然而，国家把如此重大的任务交到她的面前，她自然是没有太多时间去照顾一双儿女。说她不近人情也好，冷酷无情也罢，屠呦呦就是这样临危受命，忍受着骨肉分离的痛楚，毅然决然地投入到抗疟药物的研究中，牺牲小家，成就大家。

经过整个课题组的不懈努力，191 号青蒿乙醚中性提取物终于研制成功。作为样品，191 号青蒿乙醚中性提取物虽然距离青蒿素还很遥远，但是在抗疟实验中也得到了 100% 的抑制率。接下来就是对 191 号样品中的有效成分加以确定，并在提纯后展开大量的临床毒性试验。而目前摆在课题组面前的关键性问题就是提取青蒿素有效成分的溶剂——乙醚具有一定的毒性，实验中若稍有差错，就会对研究人员的身体造成一定的伤害。而由于当时的条件限制导致屠呦呦她们只能自行制备研究过程中所需的大量青蒿乙醚中性提取物。结果，因为长期吸入高浓度的乙醚，屠呦呦和课题组另外 2 名同事的身体都受到了不同程度的伤害。而这，仅仅只是个开始。

191 号样品经过提纯后，就要进行大量的临床毒性试验，而疟疾这种传染病和季节相关，错过了一年一次的观察期就要再等一年。这时，屠呦呦义无反顾地递交了志愿试药报告成为第一批试药的志愿者。对于递交报告，屠呦呦是这样说的："我是课题组组长，我有责任第一个试药！"正是对工作的强烈责任心以及对集体的奉献之心促使她不顾生死，只为完成试

集体主义

验，找到对抗疟疾的秘密武器。

就这样，"青蒿素"诞生了！这是全人类的福祉，小到中国，大到整个世界，只要是有疟疾爆发的地方，就会有青蒿素出现，都应赞扬屠呦呦及其团队的辛苦付出。屠呦呦在获得拉斯克奖时说的话一直萦绕耳边，"这并不是我一个人的荣誉，它属于研究团队中的每一个人，属于中国科学家群体。"

人物简介：

屠呦呦，1930年12月30日生于浙江宁波，药学家，毕业于北京大学医学院。屠呦呦为中国中医科学院终身研究员兼首席研究员、青蒿素研究开发中心主任、博士生导师、诺贝尔医学奖获得者。

屠呦呦从事中药和中西药结合研究，突出贡献是创制新型抗疟药青蒿素和双氢青蒿素。1972年屠呦呦成功提取到了一种分子式为 $C_{15}H_{22}O_5$ 的无色结晶体，命名为青蒿素。2011年9月，因为屠呦呦发现青蒿素——一种用于治疗疟疾的药物，挽救了全球特别是发展中国家的数百万人的生命获得拉斯克奖和葛兰素史克中国研发中心"生命科学杰出成就奖"。2015年10月，屠呦呦获得诺贝尔生理学或医学奖，她发现的青蒿素，这种药品可以有效降低疟疾患者的死亡率。她成为首获科学类诺贝尔奖的中国人。

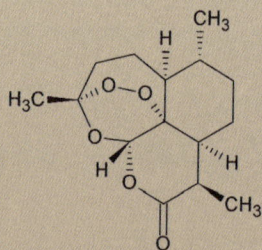

知识链接：

　　青蒿素是从复合花序植物黄花蒿茎叶中提取的有过氧基团的倍半萜内酯的一种无色针状晶体，其分子式为 $C_{15}H_{22}O_5$。青蒿素由中国药学家屠呦呦在 1972 年发现。青蒿素是继乙氨嘧啶、氯喹、伯喹之后最有效的抗疟特效药，尤其是对于脑型疟疾和抗氯喹疟疾，具有速效和低毒的特点，曾被世界卫生组织称作是"世界上唯一有效的疟疾治疗药物"。

不朽的战魂

——抗战老兵

　　有这样一群人，他们在"9.3"阅兵式上，赢得最多掌声和最高敬意。他们是历史，也是现在。他们中既有抗日战争的亲历者，也有抗战老兵的后代，还有海外各行各业的佼佼者。当300余名抗战老兵组成的乘车方队经过天安门城楼时，苍苍白发，熠熠勋章，这群耄耋老人用微微颤抖的军礼表达着对祖国强盛的崇高敬意。70多年前，他们是走上抵御外辱、保家卫国之路的勇士，在经历了血与火的洗礼后，他们依旧对国家和民族怀抱拳拳之心。

　　　　　　——《感动中国》2015年度人物颁奖盛典

　　1931年9月18日，日本关东军指挥铁道"守备队"炸毁柳条湖附近的南满铁路，栽赃于中国军队，并以此为借口，炮轰沈阳北大营、侵占沈阳和东北三省。一时之间，山河破碎，民族危亡。在这个紧要关头，无数

的仁人志士团结起来，集体抗击日本侵略者，为祖国河山奉献出了青春乃至生命。14 年艰苦卓绝的抗战结束后，这些老兵们事了拂衣去，深藏功与名，投入到社会主义国家的建设当中。2019 年是抗战胜利 74 周年，历史不会忘记，人民更不会忘记。是他们，那些曾经在枪林弹雨中为国而战的老兵，用身上大大小小的伤痕甚至是生命换来了如今我们安稳的生活。

1941 年，年仅 19 岁的夏岩兴加入八路军，被编入 18 军 3 团 3 营 2 连，在江苏正面抗击日寇。2019 年夏岩兴已是 97 岁高龄。谈起当年战争时期的枪林弹雨，老人仍然记忆犹新："我们是步兵连，那时候我们连就只有几支机关枪，其余都是步枪，等打的差不多了，没子弹用了，我们就冲上去冲锋。我们曾经在草丛里待了三天三夜，白天躲起来休息，晚上打仗。为了消灭更多的敌人，我们很多时候需要跟敌人近身肉搏，因此，牺牲的战友也是不计其数。尽管如此，但大家还是争着上前线，杀敌人。打仗大家肯定都是怕的，老百姓也怕，但那时候是没有办法，我们当兵的就只想着

往前冲，退缩是不可能的。因为我们是老百姓的部队，要保护他们。每到一个地方，不管是八路军还是新四军来，老百姓都很高兴，唱歌、跳舞欢迎我们。"

战友们的团结一心、老百姓的全力拥护使夏岩兴看到了抗战胜利的希望，但意外就在这时发生了。1945年春，夏岩兴和战友在江苏一带的芦苇荡里跟日本人打游击。有一天晚上，日本人偷偷调来一个团的兵力，把营驻地团团围住。在突围过程中，夏岩兴的右手被流弹击中，人也昏了过去。在这次战役中，夏岩兴所在的3营360多人被打的只剩下不到120人，但他们仍然充满斗志。受伤的夏岩兴在部队和老百姓的帮助下，转移到就近的医院进行了手术。同年8月，日本宣布无条件投降，抗战取得了全面胜利，夏岩兴也回到阔别多年的家乡，并养育了四个子女。

王连德，是一个抗日老八路。1926年5月生于山东省威海市环翠区崮山乡，1942年3月加入胶东独立大队，1945年6月加入中国共产党，先后荣立三等功3次、一等功2次、特等功1次，2015年中央军委颁授其"中国人民抗日战争胜利70周年"纪念章。

某天，日本侵略者到王连德的村子抓八路军，但毫无收获。日本人恼羞成怒，开始屠村。王连德侥幸逃过一劫，为

了报仇，他投奔许世友的部队，成为尖刀连的一名战士。

1943年初，八路军在共产党胶东特委领导下，彻底粉碎日军大扫荡。3月3日，王连德带领尖刀班到威海刘公岛侦察地形，路上遭遇鬼子巡逻队，激战一个小时，弹药将尽，王连德命令全班突围，自己掩护断后。日本少佐龟田次郎手握一把东洋武士刀带着几个士兵紧追不舍，眼看摆脱不掉，王连德心一横在路中间一站，有两个士兵不知天高地厚想展示能耐，双枪交叉刺向王连德，王连德把枪刺往上一挑，由于力大劲猛，两个士兵站立不稳，王连德抓紧时机一个左挑右刺，两个士兵就倒在地上了。后面又上来两个士兵，两只"三八大盖"一齐向他刺来，王连德扣动扳机，只听"砰、砰"两声，两个士兵应声倒地。龟田次郎气得暴跳如雷，哇哇大叫，指挥刀轮得上下翻飞直杀过来，王连德急忙用刺刀来挡，殊不知龟田次郎刀法鬼怪，劲道刚猛，两刀相碰刺刀脱枪而飞。王连德惊出一身冷汗，急中生智朝着龟田次郎大叫："八格、八格！"龟田次郎被王连德弄糊涂了，就在龟田次郎分神刹那，王连德举刀直刺龟田次郎面门，龟田次郎慌了，急用指挥刀来挡，肚皮处漏出空档，王连德右手刺刀倒拿，五指控紧刀尖，气沉丹田，运足力道将刺刀朝他肚皮甩去，只见一道白光，刺刀扑哧一声扎进肚皮，龟田次郎手中指挥刀落地，王连德疾步上前，脚踩刀把轻轻一勾，东洋刀就到手中，接着一个"刀劈华山"，龟田次郎左膀子就掉了下来。这时王连德觉得左手虎口剧痛袭来，才发现左手满是鲜血，袖口染红。原来刚才拼杀时，王连德被龟田次郎的指挥刀划破虎口，筋都被割断了，由于

全神贯注竟毫无察觉。

突围的战士们始终不放心班长，返回来侦察，看见班长受伤，急忙简单包扎后搀扶着赶往驻地卫生队，由于耽误了最佳治疗时间，王连德大拇指僵直无法弯曲落下残疾。这一仗下来，王连德因作战勇敢荣立三等功，得到了一枚奖章。

抗战老兵李福兴是江西省乐安县人，生于 1922 年 11 月。李福兴家里有兄弟四个，大哥被国民党抽丁，在革命中被杀，二哥也被抽丁参军，后来因病逝世。1945 年 3 月，作为老三的李福兴被国民党抓壮丁参军，被迫编入国民党第 55 师，与日本侵略军打过多次战役。在行军打仗中，没有阶级压迫、军民平等的共产党被人人歌颂，被迫加入国民党的李福兴十分向往加入共产党。1947 年 7 月，李福兴在山东鲁西南沙土集战役中投诚，加入解放军，编入陈毅同志的第三野战军六纵队，并成为侦查营第三武装连的轻机枪手。

1948 年底，淮海战役打响了，李福兴和战友毅然投入战役。"你都看不清天空，战火灰尘弥漫，战争残酷啊。牺牲的同伴横七竖八堆在地上，上了战场没有怂的兵！一轮倒下，一轮又往上冲，党和国家需要我们去守护！"虽然已过去几十年，98 岁的李福兴说到上阵杀敌仍是满脸坚毅。1949 年初，战争进入了决胜攻坚期，李福兴和一批战友在火线上入党，成为了一名光荣的共产党员。

1949 年 5 月，他转业入空军驻上海江湾机场的 102 师。"国家不再动荡打仗，自己又多年未回家。想家了！"李福兴便于 1953 年退役回到家乡。回乡后的李福兴没有向组织提出任何要求，扛起锄头，成为一名普通的农民。老百姓都分到了田地，生活有了很大改善，但仍然比较贫穷，不少群众吃穿成问题。"吃不饱，穿不暖怎么能行，得想办法啊！"身为党员的李福兴看在眼中、急在心里，他组织村里党员干部，带领群众扛起锄头共同修建了罗陂乡尺江水库和三百垅水库；开渠修沟方便灌溉农田；开荒平地种庄稼；当 3 个村的大队长管生产；一人养 20 多头猪……只要是党组织需要，只要对百姓有利，他都努力完成。几年下来，群众的生活有了根本改善，生产、生活慢慢进入了正轨。实实在在为百姓做事的李福兴得到百姓的信任，被推荐为生产队的会计。

生活条件好了，但村里会认字的人没几个，在那个年代当老师是没有工资的，大家忙于生产，没有人愿意教书，学校因为没有老师而空着。"孩子们没有文化怎么能走出大山？不能让孩子像我们一样大字不识几个！"看

着孩子们懵懂的眼神，李福兴下决心要自学好文化知识再去教孩子们。曾在私塾读过书的李福兴开始从最基本的识字学起，白天工作之余他捧起书，夜晚他挑灯夜读，歌颂红军的书、苏区革命宣传书都是他的课本。刻苦的李福兴成为了村里能写字读文的"秀才"。他主动申请到学校教书，大队也正想请他担任村小学老师，"组织哪里需要我，我就在哪里。"退伍战士李福兴在1968年被聘为棠溪村小学教师，棠溪小学从此有了读书声。

李福兴在那三尺讲台上一站便是22年，兢兢业业，诲人不倦。他常把自己的亲身经历讲给学生听，讲述红军在险恶的环境中为解放事业不畏牺牲、不怕艰难的精神，在每一个孩子的心里播撒"红色种子"。1990年，原本荒凉的棠溪小学发展到有6名教师、近100名学生，李福兴才放心地退休了。工作上虽然退休了，但作为一名党员思想上不能退休，行动上更不能退休。李福兴退休后继续发挥余热，常常到小学给孩子们讲红色故事。

从战士到农民再到教师，多次身份的转换李福兴仍保持平常心，恪尽职守，干一行爱一行。当有人问及退伍回家后，为何不向党组织要求工作福利等，李福兴摆摆手："那么多战友牺牲了，我还活着，怎么好意思再要求什么？我吃得饱、穿得暖，已经过得很好了。共产党不拿群众一针一线，我是党员，哪里需要我，我就在哪里。"当问及老人为何从不提起自己的功名，李福兴对自己是国民党投诚有所芥蒂："我是国民党投诚过来的，后来到了共产党，我还是觉得自己以前做错了。比起那些牺牲的战友，我做的不算什么。"退伍回家的李福兴将功名埋于心底，甘于平淡。

人物简介:

距离 1945 年抗日战争结束已经过去了几十年,中华民族在这场旷日持久的战争中饱受磨难,也诞生了许许多多的抗战英雄。而随着时光逝去,昔日的年轻战士们大多已不在人世,而健在的战士们也到了耄耋之年,他们被称为"抗战老兵"。

知识链接:

70 多年前,当抗日战争爆发时,国难当头,年轻的他们毅然参军入伍。十万青年十万军,一寸山河一寸血,他们为国家抛头颅、洒热血,直至将日寇赶出国门。在抗战胜利 69 周年纪念日来临之际,"寻找身边的抗战老兵"公益行动新闻发布会在北京举行,寻找尽可能多的抗战老兵,并联合社会各界资源,为抗战老兵送去应有的关怀和敬意。

新时期"铁人"

——王启民

我们就是要靠自己的力量，闯出中国自己的油田开发之路！

1959 年 9 月 26 日，黑龙江省大同镇松基三井喜喷工业油流，恰逢新中国成立 10 周年大庆前期，"大庆油田"横空出世，它打破了中国"贫油"的论断，掀开了新中国石油工业崭新的一页！这一天，正是王启民 22 岁生日。或许，正是与大庆油田"同一天生日"的缘分，让王启民甘愿一生扎根大庆，奉献大庆油田，从一个怀揣立志报国之梦的普通学子，成长为年逾八旬却仍高举石油科技大旗奋力前行的领军人物。

新时期"铁人"——王启民的由来，要从"石油大会战"和"铁人王进喜"讲起。1960年2月，为解国家建设急需石油的燃眉之急，东北松辽石油大会战打响。同年3月25日，王进喜带领1205钻井队从甘肃前往"石油大会战"现场。4月29日，1205钻井队准备往第二口井搬家时，王进喜右腿被砸伤，但他仍带伤坚持工作。当第二口井打到700米时，因地层压力太大发生了井喷，危急关头，王进喜不顾腿伤，扔掉拐杖，带头跳进水泥浆池，用身体搅拌水泥浆，最终制服了井喷。他在工作中不知疲倦与饥饿，白天黑夜连轴转。房东赵大娘被其干劲感动，亲切地称呼他为"铁人"。1960年，"五一"万人誓师大会上，王进喜成为大会战树立的第一个典型，成为大会战的一面旗帜。而后，群情振奋，战区迅速掀起了"学铁人、做铁人，为会战立功"的热潮。

王启民与石油结缘，源于当年误打误撞地选择了高考竞争压力小的北京石油学院。作为北京石油学院的学子，王启民也是这场会战大军中的一员。尚未毕业的他被会战同志们战严寒斗酷暑，宁可以血肉之躯挑战人类能够承受的生理极限，也要为会战做贡献的集体主义精神感染。王启民把"铁人"当做自己的榜样，不分白天黑夜地搞会战，在年底被评为实习生中唯一的二级红旗手。

从此，王启民与大庆石油便结下了不解之缘。1961 年 8 月，大学刚刚毕业的他重返大庆油田，立志为祖国的石油工业贡献自己的青春和微薄之力。当时有外国专家断言："像大庆含蜡这么高的油田，中国人根本没能力开发。"面对外国专家的嘲讽，王启民等几个年轻人提笔写下地质指挥所门前那副大红对联：上联"莫看毛头小伙子"，下联"敢笑天下第一流"，横批"闯将在此"。王启民说，"我们一定要闯出天下一流的开发路子来。闯中有'马'，我们把'马'字写得大大的，破了'门'框"，王启民一次次地闯出限制油田开发的"门框"，大庆油田摆脱了"死刑"的宣判，走上科学开采之路。

1963 年，油田开发陷入困境，运用国外的"温和注水，均衡开采"理论，导致一半以上油井油层被淹，原油采收率不到 5%，这样下去，将使油田 80% 的地下资源化为乌有。他大胆尝试，细心求证，用"非均质"开发理论和"高效注水开采"方法走出了一条新路，为保稳产提供了重要保证。20 世纪 70 年代，油田地下形势又发生了严重的恶化，中区西部试验区的油井平均含水上升到 54%。他带领团队在大庆油田的地层夹缝里、在油和水之间，摸索了整整 10 年。先后采集分析了 1000 万个数据，绘制了油田第一张高含水期地下油水饱和度图，揭示了油田各个含水期的基本规律，并相继发展形成了"分层开采调整控制"技术，创造出"分层开采，接替稳产"的新模式。1976 年，大庆油田第一次攀登上年产 5000 万吨的高峰，大庆跨入世界特大型油田行列，开创了中国石油工业的新纪元。

由于在恶劣的环境中长期过度劳累的工作，王启民的风湿病加重了，那种疼痛简直难以忍受，有时候甚至连手指也不听使唤，严重的时候系鞋带都困难。大夫说他得的是类风湿强直性脊椎炎，终身难以治愈。风湿病又引起一些并发症，眼睛虹膜一发炎，头疼得直想往墙上撞。大家劝他回去养病，他却说："我是组长，最了解试验方案和进展情况，怎么能走呢？"他的妻子陈宝玲心疼他的身体，有一次悄悄地协商好调他去北京工作，可他却在商调函上写上"本人不同意"。妻子气得要和他离婚，他却说："那里有大油田吗？要走你走，我不走。"即使身体疲乏，王启民仍然坚守在工作岗位上，以集体利益为重，舍小我为大我，对组织负责、对团队负责，这是毫不利己的集体主义精神的真实写照。

20世纪80年代，大庆油田第二个稳产十年的奋斗目标被提出。面对新的挑战，王启民又一次临危受命，"宁肯把心血熬干，也要让油田稳产再高产！"这一次，他挑战被前人判了"死刑"的表外储层，突破了低贫油层的开采禁区。历经7年反复实践，摸索出一套开发表外储层的技术，实现了由主力油层向薄差油层开采的过渡和产油量的接替。油田稳产再10年的目标得以实现，大庆油田创造出了巨大的经济效益，为国增产增收2000多亿元。

20世纪90年代，控制含水不升、保持原油稳产这一重大课题再一次落在了王启民肩上。他组织实施的"大庆油田高含水期稳油控水系统工程"结构调整技术，提出了"三分一优"结构调整原则和油田高含水后期"控液稳产"的新模式，实现了3年含水上升不超过1%的目标。到2002年，

大庆油田实现年产 5000 万吨，连续 27 年高产稳产，创造了世界同类油田开发的奇迹。

1997 年 1 月 1 日，中国石油天然气总公司授予王启民首届"铁人科技成就奖"金奖，面对着掌声和鲜花，王启民谦虚地说道："我取得的每项成绩都包含着油田许多科技人员和现场工人的心血，我只是他们的代表，是代表他们领奖的。"对于总公司发给他的 10 万元奖金，他自己一分钱没要，而是用作科研奖励基金，鼓励广大科技人员搞科研。虽然众多荣誉加身，但王启民说："我的名字其实只是一个符号，它代表着大庆油田数以万计的科研人员。油田取得的每项成果，都需要科研人员共同协作才能成功。"责任扛在肩上，荣誉归功集体。

如今，已至耄耋之年，王启民又把科研方向锁定在新能源技术攻关上，努力使能源开发实现可接替、可再生、可持续。他说："我的知识属于祖国、属于大庆油田，我有责任和义务为年轻科研人员成长当人梯。"这种无私的精神，这种集体主义精神无时无刻不在激励和感动着国人，"祖国培养了我，油田造就了我，我就用一个又一个科技成果反哺深爱的石油事业和祖国母亲"，他真的将青春和热血洒向了这个他一生钟情的石油事业。

油田那么大，开发那么难，那就奋斗一辈子！他常说自己很笨，认准了就一门心思地坚持下去，一生只做一件事，把这件事做好做精，就是成功！

集体主义

人物简介：

> 　　王启民，1937年9月出生，浙江湖州人，中共第15届中央候补委员。王启民是"双百"人物中的共产党员、被中国石油天然气总公司党组授予"新时期铁人"荣誉称号。2018年12月18日，中共中央、国务院授予王启民改革先锋称号，颁发改革先锋奖章，并获评科技兴油保稳产的大庆"新铁人"。2019年9月17日，王启民被授予"人民楷模"国家荣誉称号。2019年9月25日，王启民被授予"最美奋斗者"称号。

知识链接：

　　大庆精神，产生于20世纪60年代初举世闻名的大庆石油会战，是中华民族精神的重要组成部分。无论过去、现在，还是将来，大庆精神都是激励人们奋进的动力。大庆精神主要包括：为国争光、为民族争气的爱国主义精神；独立自主、自力更生的艰苦创业精神；讲求科学、"三老四严"的科学求实精神；胸怀全局、为国分忧的奉献精神。概括地说就是"爱国、创业、求实、奉献"。

"铁人"是 20 世纪五六十年代社会送给石油工人王进喜的雅号，而铁人精神是王进喜崇高思想、优秀品德的高度概括，也集中体现出我国石油工人精神风貌。铁人精神内涵丰富，主要包括："为国分忧、为民族争气"的爱国主义精神；"宁可少活 20 年，拼命也要拿下大油田"的忘我拼搏精神；"有条件要上，没有条件创造条件也要上"的艰苦奋斗精神；"干工作要经得起子孙万代检查""为革命练一身硬功夫、真本事"的科学求实精神；"甘愿为党和人民当一辈子老黄牛"，埋头苦干的奉献精神等。铁人精神无论在过去、现在和将来都有着不朽的价值和永恒的生命力。

乱世传奇，中国风骨

——西南联大群体

西山沧沧，滇水茫茫，这已不是渤海太行，这已不是衡岳潇湘。同学们，莫忘记失掉的家乡，莫辜负伟大的时代，莫耽误宝贵的辰光。赶紧学习，赶紧准备，抗战、建国，都要我们担当！

——冯友兰

曾长时间在西南联大主持校务的梅贻琦先生说："大学者，非谓有大楼之谓也，乃有大师之谓也。"

1937 年 11 月，华北沦陷。国家危急存亡时刻到来，无数青年学子振臂疾呼，发奋救亡图存。当时中国最顶尖的三所大学也岌岌可危：清华大学、北京大学被日军占领，南开大学被炸毁。于是，在梅贻琦、蒋梦麟、张伯苓三位校长带领下，中国教育的火种集体南下。1938 年 4 月，三校历经艰

难险阻，终于落脚昆明，即为"西南联合大学"。直至战争结束，1946 年三校复原北返，西南联大仅存八年，却在中国高等教育史上留下了光辉璀璨的一页，成为"中国教育界的珠穆朗玛峰"。

当时的西南联大，正逢国家危难，直面战火纷飞，生活异常艰苦，却处处彰显为国为民的气节风骨，散发包容交流的自由风气，合作无间，开放包容，为中国培养出了一大批学术大师、兴业之才和治国栋梁，延续了中华民族文化血脉，保存了知识与文明的火种。

西南联大由三校联合而成，师生众志成城，胸怀宽广，艰苦卓绝，为国为民。比如由长沙向昆明迁移的路上，西南联大师生体现出高度的集体主义精神。身体弱的师生和女师生乘坐火车，由教务长樊际昌率领；另一路是身体强健的男师生，从湖南进贵州，从贵州入云南，翻山越岭，晓行夜宿，艰难行走 68 天后，终于抵达昆明。

西南联大拥有卓越包容的教师群体，大师云集，群贤毕至，兼容并包，多元并存，汇聚了几乎大半个中国的顶尖学者和国学大师，如冯友兰、华罗庚、沈从文、吴晗、陈岱孙、金岳霖、李赋宁、吴有训、陈寅恪、朱自清、闻一多、钱钟书、梁思成、林徽因等，每一个名字都代表着一个人文或自然学科，其学养足以流传百世，他们不仅在学术上登峰造极，在他们身上还弥漫着一种家国情怀和集体主义精神。

1942 年考入西南联大历史系的历史学者胡邦定，在离校 70 多年后，依然对当年那些老师的教风念念不忘。当初校园里有风范的大师，不是一两个，而是一个群体。到抗日战争后期，老师的生活比学生更苦。闻一多穿的灰布长袍是别人给的，朱自清披着一件赶马人的披肩以御寒。他亲眼见过吴晗提着一个菜篮子在市场里转悠，"找最便宜的菜买"。战争期间，物价不断上涨，多数老师都拖家带口，生活十分艰难。1940 年在西南联大任教的闻一多与家人寓居于昆明西郊的陈家营村 144 号。后来，住所被日机炸毁的华罗庚一家也搬来这里借住。当时，一个文史家，一个数学家，闻、华两家在不大的三间正房隔帘而居，"挂布分屋共容膝"。布帘可以隔断视线，可隔不断声音，大人们都小声说话，轻脚走路。在他们身上，毫无斤斤计较的穷酸气，只有为国为民的气节风骨。就在这样艰难的环境里，闻一多写成了《伏羲考》，华罗庚完成了名著《堆垒素数论》，冯友兰完成了《贞元六书》，金岳霖写出了《知识论》《论道》。物理学者吴大猷，干脆把北大的大型摄谱仪零件都搬来了云南，在一个破庙里把仪器装好，领着团队继续做研究，写出了《多元子质结构及其光谱》，那是一本"世界物理方面的

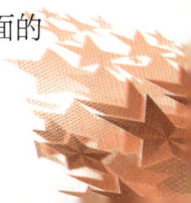

高水平著作"。

西南联大拥有智慧廉洁的治理群体。在艰苦环境中，清华师生与北大、南开师生一起，克服种种困难，维持弦歌不辍，创造了中国教育史上的奇迹。西南联大的领导体制和行政组织系统不同于战前清华大学，而是根据三校合组的实际情况以及 1938 年国民政府颁布的《大学组织法》规定而施行的。西南联大不设校长，由清华、北大、南开三校校长梅贻琦、蒋梦麟、张伯苓和秘书长杨振声组成常务委员会，梅贻琦任常务委员会主席，构建出权力开放、上下互动、前后衔接、多层协同的治理空间，达到了联合共赢的治理目标效果，显示了当时世界一流大学优秀的集体治理艺术。梅贻琦曾说，"抗战期中的母校，虽失去了美轮美奂的校舍，虽颠沛流离地居住在西南一隅，一切的教学研究，总算勉强照旧进行，从未间断。"西南联大教授群体也形成一种大学文化的自觉，在民族危难背景下进行大学融合和发展，形成具有超越意义的集体觉悟。他们身上所展现出的精神气质，是西南联大灵魂的化身。当时条件的艰苦更是超出今天人们的想象。校舍大部分是茅草房，简陋破败，日常生活用品异常紧张。梅贻琦为给师生发补贴，几乎变卖所有家产，夫人韩咏华被迫去卖米糕。老师们、学生们更是挖野菜、做小生意，饿肚子是常态。同时日军侵略也威胁着师生的安全，最多的一次，有 27 架飞机轰炸昆明。虽然面临危难和艰苦，却无法遮蔽文化之光的闪耀。西南联大的师生仍表现出极高的学习热情和集体主义精神。

西南联大拥有优秀勤奋的学生群体。师生之间的集体主义精神更是感人至深，讲台下的学生也从来没有这样的专注。每当学年伊始，教务处公布全部课程，无数的课程单把好几堵墙壁都贴满，颇为壮观。学生们一连几天，在课程表前挤来挤去，记下自己要选的、想听的课程，他们深恐荒废四年的青春年华，积极跃入知识的海洋、学术的群峰。战时办学，时遇空袭警报拉响，无论教授还是学生都要一起拔腿向野外奔跑，躲避日本飞机轰炸，边跑边争论刚才没有进行完的话题，跑到气喘吁吁，最后谁都听不明白对方说的是什么，依然不肯罢休。但是警报响过，三尺讲台上站立着云集的学者和教授，教室里坐满渴求真知的学子。正是抱着这种刚毅坚忍的精神，来自北京大学、清华大学、南开大学的师生们同舟共济，同仇敌忾。在茅草屋中，在演算纸下，在远离亲人的思念中，在敌人炮弹的威胁下，西南联大的学子们自强不息，并肩奋斗，创造了一个中国教育史上的奇迹。那段难忘的时光中，西南联大给予他们在逆境中发愤图强、百折不挠的品质，成为他们日后取得成功的根本所在。

　　"艰难困苦，玉汝于成。" 8 年期间，西南联大共毕业了 3882 名学生，参军 834 人。这些学生中走出了杨振宁、李政道 2 位诺贝尔奖获得者，8

位"两弹一星"功勋奖章获得者，4 位国家最高科学技术奖获得者，174 位两院院士以及 100 多位人文领域的大师。这种成材率在世界所有大学当中都是极其罕见的，这一成绩是中国教育史上的最高纪录。

西南联大提倡的学术自由和民主科学影响了后来的整个中国文化界和教育界，并且在世界范围内放射出夺目的光辉，是教育的"精神圣殿"。西南联大的文明之火在中国高校前所未有的光大，并且注定要成为后世的灯塔，成就一个时代的盛事，更成为莘莘学子的人生典范。

人物简介：

西南联大群体是在国家面临危亡的历史时刻、西南联合大学建设时期（1937 年－1946 年）所凝聚和形成的知识分子群体，如蒋梦麟、梅贻琦、张伯苓、陈寅恪、周培源、梁思成、陈岱孙、林徽因、金岳霖、吴有训、钱钟书、费孝通、陈省身、华罗庚等。他们学贯中西，既是道德楷模，也是精神模范。他们身上表现出的吃苦耐劳、团结合作、民主包容、为国为民精神，实为中国现代知识分子的楷模。这是中国知识分子的一笔精神财富，为国家民族做出了不可磨灭的贡献。

西南联大不仅培养了杨振宁、李政道等大批自然科学家，而且也培养了何炳棣、邹谠、王浩等人文科学家，还养育了像殷海光这样具有思想家气质的学者。

知识链接：

1938 年 12 月 2 日，国立西南联合大学经第 95 次常务委员会决议以"刚毅坚卓"为校训，并周知布告。

"刚毅"见于《礼记·儒行》："儒有可亲而不可劫也，可近而不可迫也，可杀而不可辱也，其居处不淫，其饮食不溽，其过失可微辨而不可面数也。其刚毅有如此者"。"坚卓"源于成语"艰苦卓绝"。"坚卓"是指人的精神修养的一种境界。西南联合大学所处的时代，正是强敌入侵、民族危亡之时，因此"刚毅坚卓"是特定的时代精神与普遍的大学精神的结晶。

　　"刚毅坚卓"中的"刚毅"要求师生做一个无私无畏的人，即所谓的"无欲则刚"，对物质世界或他人保持自己的主体性，同时也尊重他人的主体性，激励人坚忍不拔，刻苦自励，追求真理，建功立业；"坚卓"则要求人心之坚定，刻苦自励，勤奋学习，卓然成家，但又不慕名利地位，铁骨铮铮；不好为人师，不强为人师，而能谦恭和蔼，待人以诚，循循善诱，能移风易俗，成人之美。其目标就是保持人的主体性、人的尊严、人的价值，充分体现大学人文精神。

　　"刚毅坚卓"，其内涵要求西南联合大学培养的人才要具备健全的人格，高尚的情操。此一校训引领西南联大师生团结一心，克服时艰，艰苦奋斗，以实际行动彰显集体主义风骨和崇高的民族精神。

共产主义战士

——雷锋

一滴水只有放进大海里才永远不会干涸，一个人只有当他把自己和集体事业融合在一起的时候才能最有力量。

雷锋，原名雷正兴，1940 年出生于湖南省长沙市。1943 年至 1947 年，他的祖父、父亲、母亲、哥哥相继悲惨死去，弟弟也饿死在家中，年仅 7 岁的雷锋成了孤儿，在六叔公和六叔奶奶的拉扯下，艰难地活着。

虽然年少，但从那时起，雷锋的行为和追求中已经体现出了"雷锋精神"。1949 年，年仅 9 岁的他拉着路过的解放军连长要求当兵，连长没同意。1950 年，雷锋当上儿童团团长，积极参加土地改革。土地改革后，雷

锋分得三亩六分田地，还有一些生活用品。1954年，雷锋考入清水塘完全小学，加入中国少年先锋队，被选为中队委员。一年后，雷锋转入荷叶坝小学，同年春天，在农业合作化高潮中，雷锋把土改中分得的三亩六分田地全部捐给了荷叶坝小学。

1956年夏天，雷锋小学毕业后，在生产队当了近3个月秋征助理员，负责征收公粮工作，之后，在安庆乡政府当了通信员，不久被调到望城县县委工作。1957年2月8日，他光荣加入中国共产主义青年团，同时被评为县委机关工作模范，同年夏天，他担任望城县治沩工程指挥部通信员，治沩工程结束，他被评为治沩模范。1958年春，雷锋到团山湖农场就职。响应望城县团委提出的捐献一台拖拉机的号召，雷锋捐款20元，成为全县青少年中捐款最多的一个，县委决定派雷锋学开拖拉机，3月16日，雷锋在《望城报》发表第一篇文章《我学会开拖拉机了》。9月，雷锋响应号召，到辽宁鞍山做了一名推土机手。同年秋，雷锋到韶山瞻仰毛主席故居，10月，把原名雷正兴改为雷锋。11月15日，雷锋到鞍山钢铁厂参加社会主义建设，被分配在鞍钢化工总厂洗煤车间当推土机手，不久，出席鞍

山市青年社会主义建设积极分子代表大会。1959年8月20日，雷锋报名到鞍钢弓长岭矿山参加新建焦化厂工作。12月9日，弓长岭《矿报》发表雷锋《我决心应召》的申请书，表达了他积极要求参军的坚定决心。

1960年1月2日，新兵换装集中待发，雷锋因无政审表，难以入伍，辽阳市兵役局余新元政委送雷锋到新兵大队，当"便衣通信员"。1月7日晚，接兵参谋戴明章通过长途电话向工兵团团长吴海山请示，雷锋虽无政审表，可他是个优秀青年，是否能先带到部队。经同意，在登车出发前8小时，雷锋参军入伍。雷锋入伍第一天，来到营口新兵连，当天下午，作为新兵代表在全国欢迎新战友大会上发言。4月，从团里战士业余演出队回到运输连，一个月后，雷锋成为新兵中一名合格的汽车驾驶员，第一个下到战斗班。8月，雷锋参加上寺水库抢险救灾，带病连续奋战7天7夜，表现突出，团党委为雷锋记二等功一次。雷锋把平时节约下来的100元钱捐给抚顺市望花区人民公社和辽阳水灾区，受到部队表彰，团党委决定树立雷锋为"节约标兵"。11月8日，运输连支部党员大会通过雷锋入党申请，并选他为抚顺市人民代表。

雷锋同志在工作中时时惦记着集体，他在自己的日记中分享了一个故事：4月下旬，我来到运输连，和30多名新同志一起开始学习汽车构造、汽车原理和驾驶技术。学了一个星期以后，有的同志认为进度快，记不住，不好学。和我一个班的佟占佩同志，接受能力差一些，今天学了，明天就忘了。他感到学汽车理论很吃力，第一次测验不及格，有些灰心了。排长

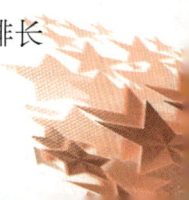

对我说:"你学得好些,要好好帮助佟占佩同志,下次测验,你们要是都得满分才好呀!"我想着排长说得对:自己学习成绩再好,将来只能开一台车,要是大家学习都好,那不是能开更多的汽车吗?班长也专门分配我帮助佟占佩。怎么个帮助法呢?课后小组讨论,我总是让他先发言,他不懂的地方就提示一下,他的学习渐渐有了起色。有一天,我们讨论一个机器的构造和工作情况,他怎么也说不清楚。我就拿着图给他讲解,他还是摇头说记不住。我分小节讲,讲一小节,让他重复一遍,这样一句一句地教,教了两个多小时,他终于弄明白了。我们起早贪黑地在一起学习,他有了明显的进步。第二次测验,他得了满分,大家都为他高兴。

天妒英才,1962年8月15日上午8时,雷锋与战友乔安山在准备前去洗车时,雷锋下车指挥倒车,车轮打滑,碰倒了一根电线杆,这根电线杆砸到了雷锋左太阳穴上,雷锋当即昏死过去,经中国人民解放军第202医院抢救无效,于当日12时5分不幸逝世,年仅22岁。

1963年3月5日《人民日报》发表毛泽东题词:"向雷锋同志学习",从这一天起,一场学习雷锋的活动在全国范围内以排山倒海之势展开。之后每年的3月5日也就成了学习雷锋纪念日。

雷锋始终认为只有把自己当作集体中默默的一份子才能真正发挥个人的作用。他认为,一朵鲜花装扮不出美丽的春天,一个人总是单枪匹马,众人一起才能移山填海。一个人的作用,对于革命事业来说,就如一架机器上的一颗螺丝钉。机器由于有许许多多的螺丝钉的连接和固定,才成了一个坚实的整体，才能够运转自如，发挥它巨大的工作能力。螺丝钉虽小，其作用是不可估量的。这种精神是我们开展任何工作的成功源泉。

中国革命是由少数人开始的，少数人为多数人牺牲奋斗，他们牺牲奋斗不是为自己，是为了多数人。他们的牺牲奋斗就是为了唤起千百万人同心干，这样革命才得以成功。而现在要实现中国梦，实现"两个一百年"的奋斗目标，还是要靠 14 亿中国人，人人都要有一种精神。人人都要为集体、为他人，人人都要靠集体、靠大家。

人物简介：

　　雷锋（1940 年 12 月 18 日—1962 年 8 月 15 日），全心全意为人民服务的楷模，共产主义战士。1954 年加入中国少年先锋队。1956年在乡人民政府当通信员。1957 年 2 月 8 日加入中国共产主义青年团。曾参加沩水工程、团山湖农场和鞍钢的建设，多次被评为劳动模范和先进生产者。1960 年参加中国人民解放军，在入伍不到 3 年的时间里，荣立二等功一次、三等功两次，被评为节约标兵，荣获模范共青团员称号，出席过沈阳部队共青团代表会议。1961 年升为班长，被选为抚顺市人民代表。1962 年 8 月 15 日因公殉职，年仅 22 岁，作为一名普通的中国人民解放军战士，在他短暂的一生中却助人无数，伟大领袖毛泽东于 1963 年 3 月 5 日亲笔为他题词"向雷锋同志学习"；一部可歌可泣的《雷锋日记》令读者无不为之动容，"雷锋精神"激励着一代又一代人。

知识链接：

　　1963 年 1 月 7 日，国防部批准授予沈阳部队工程兵某部雷锋生前所在

集体主义

班为"雷锋班"。1月23日，共青团中央发布决定，追认雷锋为全国优秀少先队铺导员。3月5日，《人民日报》发表毛泽东的题词："向雷锋同志学习。"随后，又发表了刘少奇、周恩来、朱德、邓小平的题词。刘少奇的题词是："学习雷锋同志平凡而伟大的共产主义精神。"周恩来的题词是："向雷锋同志学习爱憎分明的阶级立场，言行一致的革命精神，公而忘私的共产主义风格，奋不顾身的无产阶级斗志。"朱德的题词是："学习雷锋，做毛主席的好战士。"邓小平的题词是："谁愿当一个真正的共产主义者，就应该向雷锋同志的品德和风格学习。"同日，《人民日报》还发表了罗瑞卿写给《中国青年》的文章《学习雷锋》。解放军总政治部、团中央和全国总工会也分别发出通知，号召广泛开展学习雷锋的活动。从此，在全国迅速掀起了一个学习雷锋先进事迹的热潮。

"雷锋精神"开创了一代新风，它的实质和核心就是一种为共产主义而奋斗的无私奉献的精神；忠于党和人民、舍己为公、大公无私的奉献精神；立足本职、在平凡的工作中创造出不平凡业绩的"螺丝钉精神"；苦干实干、不计报酬、争做贡献的艰苦奋斗精神，归根结底就是全心全意为人民服务的精神。

一腔热血洒高原

——孔繁森

> 人民政府的干部，要为人民办事，不想着人民，不为人民服务，就不要到人民政府来工作。人活在世上不容易，生命有限，但是要活得有意义，活着就要干点事，让社会和人民在你身上得到点东西，否则就没有意义了。

20 世纪 90 年代以来，一个响亮的名字传遍神州大地，深入亿万人心，他的光辉事迹和崇高精神催人泪下、激人奋进。他就是领导干部的楷模、民族团结的典范、党的群众路线的践行者——孔繁森，他用自己的一生诠释了集体主义的内涵，弘扬了集体主义精神。

在艰苦卓绝的抗战岁月中，孔繁森出生在一个贫困农民家庭，求学、参军、入党、工作，孔繁森在不断成长中逐步培养了正确的马克思主义世

界观、人生观、价值观，坚定
了集体主义的理想信念，心中
有梦想，自觉把个人的理想融
入党的事业中，保持劳动人民
本色，密切联系群众，在家乡
和高原之上践行集体主义的
伟大精神。

1979 年，时任地委宣传部副部长的孔繁森积极响应组织号召，主动报名赴西藏工作。这是孔繁森第一次援藏，此时孔繁森的父母均已年迈，妻子体弱多病，孩子尚处幼年，都住在农村，家庭困难重重。他说："我们国家正处在拨乱反正、百废待兴之时，西藏缺少干部，急需支援，我这样的年轻干部不报名，难道还要让党点名吗？我知道西藏条件差，生活艰苦，但是，我不去，别人也得去，人家能吃的苦，我孔繁森也能吃。"集体主义精神让孔繁森在个人家庭与党的事业面前选择了后者，集体主义精神使孔繁森树立了为全党利益牺牲个人利益的全局观。

孔繁森第一次援藏时，上级原计划安排他担任中共日喀则地委宣传部副部长。报到后，组织上考虑到他政治素质、身体条件好，改派他到条件更为艰苦的岗巴县担任县委副书记。他毫无怨言地服从了党的安排。孔繁森到任后，投稿《大众日报》，表达了自己"青山处处埋忠骨，一腔热血洒高原"的坚定决心。孔繁森始终抱着这样一个信念：在落后地区工作，说

十句空话，不如干成一件实事。来到岗巴县后，他很快克服了高原反应，学会了骑马，在险峻的小路上骑马颠簸，到基层农牧区调查研究，了解农牧民疾苦。仅仅一个半月的时间，孔繁森就骑马跑遍了全县所有乡，为指导全县工作积累了大量的第一手材料。为了在农牧区推广家庭联产承包责任制，带领群众脱贫致富，他亲自到其中一个乡试点，然后把经验在全县推广。他每到一地就访贫问苦，宣传党的政策，和群众一起收割、打场、挖泥塘，与当地群众结下了深厚的情谊。一次，他骑着马去下乡，从马背上摔了下来，昏迷不醒。当地的藏族群众自发扎起担架，抬着他走了30里山路把他送到医院抢救。当他从昏迷中醒来看到一双双焦急期盼的眼睛，他的视线一下子模糊了。践行党的"从群众中来，到群众中去"的群众路线，孔繁森始终心系群众，这就是集体主义最真实的写照。

孔繁森第二次进藏时，年近九旬的母亲生活已经不能自理，三个孩子尚未成年，妻子体弱多病，家里有不少困难。但他还是那句话："我是党的干部，服从组织安排。"毅然前往拉萨市任副市长。孔繁森到任后仅用了4个月的时间，跑遍了全市8个县区的所有公办学校和一半以上村办小学，召开座谈会数十次，提出了一系列发展教育事业的新措施。1991年，一次车祸，他摔成了严重的脑震荡，颅骨骨折，高烧昏迷。住院治疗期间，他得知一所学校发生了问题时，便不顾高烧未退、眼睛充血，骑着自行车赶到学校现场处理。转入内地治疗后，伤情还未完全康复，他便带领考察组到内地16所中学藏族班看望学生。

党委后来任命孔繁森为阿里地区地委书记，俗称"世界屋脊的屋脊"的阿里高原海拔 4500 米，空气稀薄，高寒缺氧，长年风沙不断，由于恶劣的自然环境，阿里地区已成为中国最艰苦、最贫困的地区。孔繁森不顾阿里地区的特殊自然环境，慷慨赴任。到阿里地区赴任前，孔繁森已把阿里地区的各有关部门跑了个遍，将阿里地区的自然概况和历年来经济统计数字都抄在笔记本上。为了进一步摸清阿里地区的情况，他一个县、一个区、一个乡地跑。孔繁森在阿里地区期间，有三分之一的时间在乡下，从措勤到札达，从普兰到日土，实地考察，求计问策，寻找带领群众脱贫致富的路子。阿里地区地广人稀，有时，开着越野车在空旷的荒野上奔波一天也看不到一户人家、一顶帐篷，饿了，他们就吃口风干的牛羊肉；渴了，就喝口山上流下来的雪水。旅途虽然艰苦，但孔繁森却风趣地对随行的同志说："高原上的水绝对没有污染，是世界上最优质的矿泉水，等开发出来得用美元来买呢！"他那乐观的情绪，常常感染着周围的同志。发扬"抓铁有痕、踏石留印"的扎实作风，坚持谋事要实、创业要实、做人要实的信念，孔繁森为了集体、为了群众鞠躬尽瘁，这种集体主义精神值得我们学习。

孔繁森曾说："率领群众致富，是我们的天职。每一个党员干部，都应当与人民同甘苦、共命运。这样，我们党才有威信，国家才有希望。阿里地区虽说偏僻落后，但发展潜力也很大。关键是要带领群众真抓实干。我有信心和全地区人民同舟共济、艰苦创业，共同建设一个文明、富裕的新阿里。"在广泛深入调查研究的基础上，阿里地区经济发展的思路在孔繁森

的脑海中渐渐清晰起来。在地委、行署联席会议上，孔繁森列举了阿里地区发展的六大优势：畜产品优势、矿产品优势、旅游优势、边贸优势、政策优势、人口少优势。为集体细致规划，让每一个点子都接地气、符实情、合民意，这何尝不是集体主义精神的伟大体现！

　　正当孔繁森带领全地区人民为实现阿里地区发展的宏伟蓝图而奋斗时，一场罕见的特大暴风雪席卷了阿里高原。漫天大雪，吞没了农田、牧场和村庄，给阿里地区农牧业生产、农牧民生活带来了严重危机，这也是对地区新一届领导班子的严峻考验。"立即行动起来！到灾区去，到群众中去，组织抗灾，恢复生产，重建家园。"在孔繁森的带领下，地委、行署迅速组织了十多个工作组分赴各灾区。厚厚的积雪封死了道路，他们就用铁锹挖、用汽车碾。大家只有一个信念：尽快把党和政府的关怀送到灾区。孔繁森挨家挨户地走访灾民，分发救济粮和救济款。风雪中，他高声地鼓励大家："有党和政府在，再大的灾害也压不垮我们。我们一定能帮助大家渡过难关！"雪越下越大，风越刮越紧。长时间的高原反应，持续不断的超负荷工作，使孔繁森本来就带病的身体更加虚弱，但他还是坚持着给冻伤的牧民作检查。尔后，他又把解决曲仓乡受灾牧民的搬迁、转场和买牛的资金及口粮、油料等问题研究落实。临近春节，孔繁森接连数次深入农村问寒问暖，他放弃了节假日的休息，每天与各县联系询问雪情和农牧民的生活情况。顶风冒雪，孔繁森背着他每次下乡都随身携带的小药箱，走村串户，慰问受灾群众，给冻伤的牧民们看病。在这场抗击雪灾的斗争中，孔繁森创造了全地区在特大自然灾害情况下没有饿死、冻死一个人的奇迹，取得了抗击雪灾的全面胜利。为了藏区群众，孔繁森殚精竭虑，在缺氧却不缺精神的"世界屋脊"上，用鲜血和生命书写了一个共产党员献身于集体主义的壮丽人生！

在西藏工作期间，孔繁森始终保持着与人民群众的联系，他把西藏的土地当作自己的家乡，把西藏的老人当作自己的老人，把西藏的孩子当作自己的孩子。他早年在部队医院当过兵，略通医术。来到西藏工作后，每次下乡前，他都要买上几百块钱的药，为农牧民看病、治病。一次，有位70多岁的藏族老人肺病发作，浓痰堵塞了咽喉，危在旦夕。当时，没有其他医疗器械可用，孔繁森就将听诊器的胶管伸进老人嘴里，又对着胶管将痰一口一口地吸出来，然后又为老人打针、服药，直到老人转危为安。拉萨发生地震，孔繁森作为副市长调查灾情时，发现了兄妹两个孤儿，看着这两个孩子生活无依无靠，他便把兄妹二人带回拉萨抚养，并在民政机关办理收养手续正式收养了这两个孩子。用真情打动群众，用真心换取民心，集体主义的伟大旗帜在世界屋脊上空高高飘扬。

孔繁森两次进藏，历经十载。他以顾全大局、无私奉献的坚强党性，热爱人民、服务人民的公仆情怀，清正廉洁、克己奉公的高尚品德，艰苦奋斗、知难而进的拼搏精神，开拓进取、求真务实的优良作风，彰显了当代中国共产党人的人格力量，塑造了新时期领导干部为民务实清廉的崇高形象，用鲜血和生命谱写了一曲践行集体主义的奋斗之歌、创业之歌、奉献之歌。

人物简介：

　　孔繁森（1944 年 7 月—1994 年 11 月 29 日），男，汉族，中共党员，孔子第 74 代孙，山东省聊城市堂邑五里墩村人，1961 年 7 月于聊城技工学校毕业后，应征入伍，1964 年被评为济南军区学习毛主席著作积极分子，同年 10 月赴京参加国庆 15 周年观礼。1966 年 9 月光荣加入中国共产党，1968 年复员回到聊城，任聊城技工学校革委会副主任，1971 年到聊城地革委生产指挥部工作，曾任共青团聊城地委常委，1975 年 3 月，任中共聊城地委宣传部副部长。1979 年 7 月赴西藏自治区，任中共岗巴县县委副书记。1981 年 4 月回到聊城，历任中共莘县县委副书记，聊城行署办公室副主任、党组成员，聊城地区林业局局长、党组书记，聊城行署副专员、党组成员。1988 年，再次赴藏，任拉萨市人民政府副市长、党组副书记。1992 年 11 月，调任阿里地区地委书记、阿里地区军分区党委第一书记、政协阿里地区委员会主席。1994 年 11 月 29 日，孔繁森在去新疆塔城考察边贸途中，因车祸殉职，年仅 50 岁。

知识链接：

自新中国成立以来，党的中央领导集体始终高度重视西藏工作，始终深切关怀西藏各族群众，始终把西藏工作放在党和国家工作全局的重要位置，对西藏地区投下了大量心血。全国支援西藏建设工程已有上百项，涉及农牧林、能源、交通、邮电、通信等各个方面，促进了西藏地区的发展，发挥出显著的经济、社会效益。同时有大批高校毕业生和党员干部支援西藏，为建设西藏贡献智慧和力量。

一腔热血洒高原——孔繁森

创业集体

——交大西迁人

交大西迁，一所高校的向西而歌；弦歌不辍，和着时代发展的脉博回响。

20世纪50年代，新中国刚刚成立，百业待兴。"一五"计划启动后，西安成为机械电力工业基地，苏联援建的156个项目中西安有17项，在全国名列前茅，急切需要技术人才。而西安高教力量薄弱，尤其是工科，整个西北仅有一所位于咸阳的西北工学院，远远不能满足工业化建设的要求。与此同时，国民党反动势力仍然猖獗，不时对上海进行轰炸；朝鲜战争爆发后，美国派遣第七舰队进驻台湾海峡，沿海形势紧张。基于社会主义发

展和国防建设的考量，1955 年 4 月，中共中央和国务院决定将交通大学从上海迁至西安。

1955 年 5 月 25 日，时任交通大学校长的彭康向师生们公布了西迁的决定。经过几个月的动员和筹备，1956 年，数千名交通大学师生高举集体主义旗帜，响应党和国家号召，乘坐绿皮火车，从繁华的大都市上海来到千年古都西安，并在此扎下根来，为国家现代化建设和西部的文教事业发展奉献出了青春年华。

西迁人集体，从来不是一个简单抽象的符号，在它背后，是一个个生动的、有血有肉的人。"党让我们去哪里，我们背上行囊就去哪里""哪里有事业，哪里有爱，哪里就是家""到祖国最需要的地方干事创业"……回顾交通大学西迁的历程，西迁人集体的爱国热情仿佛就在眼前。

交通大学西迁之时，校长彭康已步入天命之年，但是却始终保持着高昂的斗志和充沛的精力。在他的工作进程中，计划、队伍、步骤、方法等环环紧扣，步步到位，并切实加强宣传教育，在党内外形成统一意志，及时解决思想认识问题，克服迁校中的实际困难。因此，迁校工作进展迅速，新校址建设和师生搬迁等许多方面都走到了前头。在紧张的迁校过程中，学科专业建设仍有很大进展，教学质量得到切实保证，科学研究也全面开

展。1955 年全校有科研项目 55 个，1956 年增加到 78 个，至 1957 年更是超过了 100 个，并与 50 多个工厂建立了科研协作关系。

西迁过程并非一帆风顺。1957 年四五月间，在迁校讨论中提出了很多尖锐问题，而矛盾的焦点就集中在高教部和学校领导身上。在不希望迁校的一些人眼中，彭康"一意孤行"，太执着于迁校。有人质问说："交大迁校现在既然是'骑虎难下'，虎是谁让骑上去的？"彭康素有雅量，有意见让大家放开讲，但他并非对此一笑置之，始终坚持迁校大方向，尽力顶住否定迁校这股风，把大家引导到正确想法上来。他在一次党员大会上表示："关于迁校对不对的问题，我个人认为对，又不对。迁去是对的，不对的是对教师中的这些情况没有很好地考虑。"因此，现在的任务就是抓紧做好思想政治工作。

"迁去是对的！"彭康不管别人怎么讲，自己始终坚持这一点。他从来就认为，迁校是党和国家交给交大的一项重要任务，做好这件事不但有利

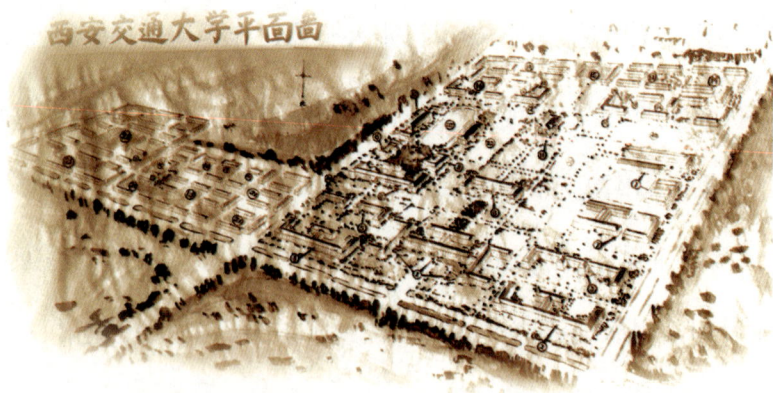

于国家民族，也必然有利于学校和师生员工。他一再提醒大家说："迁校对，必须迁，这是从长远来看，并不是一年两年就可以看出来的。"在复杂的情况面前，他勇于把难题扛在肩上，把问题一一处理好，拼尽全力去开展说服教育，耐心化解矛盾。在他的感染下，越来越多学校领导、教授甚至学生加入到了宣传队伍中来，校园中躁动不安的情绪得以稳定，一举扭转了混乱态势，再度迎来众志成城、边迁边建的良好局面。

这种爱国情怀在广大教职员工身上的体现也是不胜枚举，留下许多教育后世的生动故事。

1954 年钟兆琳教授在得知交通大学内迁西安的决定时，非常赞成并积极支持。周恩来总理提出，钟先生年龄较大，身体不好，夫人又卧病在床，可以留在上海。但他表示："上海已经经过许多年发展，西安无法和上海相比，正因为这样，我们要到西安办校扎根，献身于开发共和国的西部。""共和国的西部像当年美国的西部一样需要开发。如果从交大本身讲，从个人生活条件讲，或许留在上海有某种好处。但从国家考虑，应当迁到西安，当初校务委员会开会表决时我是举手赞成了的，大学教师是高层的知识分子，决不能失信于人，失信于西北人民。"他踊跃报名，卖掉了上海住宅，把瘫痪在床的夫人安顿在上海，由小女儿侍奉，自己孤身一人随着第一批西迁队伍来到了西安。他的表率作用鼓舞、激励着电机系及交通大学的许多师生，为交通大学的顺利西迁做出了贡献。

著名热力工程学家和机械工程专家陈大燮当时已身患糖尿病，按当时

的医疗水平，在上海这样发达的大城市都难以治疗，更何况是西安。但他仍然舍弃了上海的优越生活，交出上海的房产，义无反顾携夫人一起，赴西安参加建校工作。在迁校、建校那些难忘的日子里，在扎根西部艰苦奋斗的漫长岁月中，他顾大局、讲奉献，充分体现了交大人朴素实干的风貌。1957年，在西安部分新生入学典礼上，陈大燮说："我是交通大学包括上海部分和西安部分的教务长，但我首先要为西安部分的学生上好课。"

"向当年响应国家号召献身大西北建设的交大老同志们致以崇高的敬意""希望西安交通大学师生传承好'西迁精神'，为西部发展、国家建设奉献智慧和力量。"交大西迁人集体以自身的艰苦奋斗，表现了与党同心同德的高尚情操，共同铸就了可歌可泣的"西迁精神"，是集体主义的真实写照，是一代中国知识分子响应党的号召为建设祖国西部而无私奉献的壮丽凯歌，岁月荏苒，山河依旧，交大西迁人集体将永远彪炳史册，西迁大树将茁壮参天。

人物简介：

1956年，交通大学师生员工响应党和国家号召，从上海迁往西安。六十多年来，西安交通大学坚持"扎根西部、服务国家、世界一流"的定位和目标，为国家特别是西部地区培养了大批优秀人才，创造了许多重大科技成果，并形成了以"胸怀大局、无私奉献、弘扬传统、艰苦创业"为主要内容的西迁精神。西迁的师生和职工群体则被称为"西迁人"集体。

知识链接：

交通大学西迁是指1955年年初，由于社会主义建设和国防建设的需要，同时为了改变旧中国遗留下来的高等教育布局不合理的现状，支持西部社会经济发展，国务院决定让交通大学内迁西安，由此交通大学开始了西迁的篇章。

大国工匠

——孟凡超

我对建筑的审美、结构美有一些自己的追求。一座特大桥梁，我认为不仅要让其具有交通功能，还要赋予它美，让它成为整个城市景观文化的一部分，而且可以是重要的一部分。

港珠澳大桥是国家工程，国之重器，创下多项世界之最，非常了不起，体现了一个国家逢山开路、遇水架桥的奋斗精神，体现了我国综合国力、自主创新能力，体现了勇创世界一流的民族志气。这是一座圆梦桥、同心桥、自信桥、复兴桥。你们功不可没，劳苦功高，这就是你们的人生价值，要为自己感到自豪，我们也为你们感到自豪。这是习近平总书记对港珠澳大桥及其建设者们的赞誉。

港珠澳大桥是目前世界最长的跨海大桥，它被英国《卫报》称赞是"现代世界新七大奇迹"之一。这座声名海外的大桥的总设计师，就是我国赫赫有名的工程勘察设计大师——孟凡超，一名精益求精的大国工匠。

1959 年，孟凡超出生在四川遂宁一个教师家庭，他的父母都是中学教师。孟凡超自小酷爱学习，课前预习以提高课堂学习效果，是他学业优异的关键。学习之余，他纵情享受运动的乐趣，飞奔于球场和操场。良好的学习方法和生活习惯，合理的时间安排，是他成功的关键。

1978 年，国家恢复高考，孟凡超考上了重庆建筑工程学院桥梁与隧道专业。孟凡超曾说，自己生活在涪江边，对于能够跨江渡海的桥梁有一种特殊感情，因此，学习桥梁专业知识时有一种"走火入魔"的感觉。毕业以后，孟凡超被分配到交通部公路规划设计院，从事桥梁设计工作。

1982 年，刚到单位的孟凡超，就参与了湖北省沙洋汉江公路大桥的修建工作，这是他参与建设的第一座桥。他服从设计院安排，在建筑工地担任实习技术员，虚心向老师傅求教，带领工人们一起做着最基础的工作，绑扎钢筋、浇筑混凝土、沉井基础下沉……不分昼夜，他和工友们吃饭、作业和休息都在作业船上。"服从组织安排，并把工作做好，集体利益大于个人利益"，他用自己的行动诠释着集体主义精神。不仅如此，他还亲自测试雷管，制作炸药包，实施水下爆破，带领工人们创造了当时亚洲第一深度的 38 米沉井技术，成为业内"小明星"。孟凡超说："现在回想起来，那一年半的实习，对我的人生、职业生涯的锻炼作用是巨大的。"后来，他也

时常要求年轻的工程师们要到建设现场去，将院里到一线实践的精神传承下去，他将这个过程称之为"培养工程师的必由之路和必备阶段"。

1996年，37岁的孟凡超，第一次作为重大项目第一负责人，主持设计厦门海沧大桥，这也是中国国内第一座系统地进行桥梁景观研究与设计的特大型桥梁。大桥的总体线形、结构造型、景观色彩等多方面保证了大桥与自然环境的和谐。"我对建筑的审美、结构美有一些自己的追求。一座特大桥梁，我认为不仅要让其具有交通功能，还要赋予它美感，让它成为整个城市景观文化的一部分，而且可以是重要的一部分。"对美的追求，已渗透到了他的骨子里，所以到后来的港珠澳大桥，可以说是一脉相承，也可以说是发扬光大，这是顺理成章的事情。

2003年8月，国务院正式批准港珠澳三地政府开展港珠澳大桥前期工作。2004年初，孟凡超被任命为主体工程总设计师，开始了港珠澳大桥的工程核心性研究报告的前期规划。为了选择让三地认可的登陆点，2004年春节，孟凡超和设计团队都没有回家过年，他们沿着伶仃洋西岸一步一步找最佳登陆点。一个偶然的机会，孟凡超发现在澳门和珠海的关口之间有一个过渡地带，喜出望外的他，立即用脚步去丈量，有50米左右的宽度，可以建成6车道。拱北登陆点的确定，得到了港珠澳三地的一致认可。

香港、澳门两地实施的是"一国两制"政策，法律法规、技术法规以及建设理念和建设体制都不尽相同，每一项任务都具有挑战性，都需要磨合。为了成功建设港珠澳大桥，建设好一座高品质、高起点、高标准、长寿命的大桥，孟凡超经过仔细研究和科学分析后，结合自己几十年的工作经验和认识，秉持"战略性、创新性、功能性、安全性、环保性、文化性、景观性"的设计理念，提出采用"四化建设"的理念，即大型化、工厂化、标准化、装配化。区别于千军万马下海作业的传统做法，"四化建设"理念用全新的建设理念和方式模式，用为数不多的大型装备在现场进行搭积木式的装配化安装。新的理念，不仅实现了整个建设过程无一人死亡的工程安全要求，更保护了周围海域的环境，实现了生活在此地的中华白海豚不迁移、零伤亡目标。

孟凡超现已成为赫赫有名的全国工程勘察设计大师，他的名字与多项国家重点工程项目紧紧镌刻在一起。他坚信"作为一名新时代工程建设领域的工程师，应该把个人的命运与国家的发展融为一体，通过我们的不断奋斗，实现我们'两个一百年'的宏伟目标。"他寄语青年工程师："工程设计人员，要有坚定的信念，尤其是发展初期阶段不可遇到困难而松懈；要热爱所从事的事业；要有创新意识，随时掌握国内外新技术动态。这是根本，一个人内在灵魂的根本。"

从走出校门，踏上工作岗位，在漫长的日子里，孟凡超已经"丢掉"了所有的业余爱好。他的生活里，只有桥。用"桥痴"形容他，名副其实。如今，他即将退休，而他却说："希望自己还能有用武之地，我的经验和经历，不愿意浪费掉，如果组织仍有召唤，我会义无反顾。"

人物简介

知识链接：

　　港珠澳大桥（Hong Kong–Zhuhai–Macao Bridge）是中国境内一座连接香港、珠海和澳门的桥隧工程，位于中国广东省伶仃洋区域内，为珠江三角洲地区环线高速公路南环段。大桥东起香港国际机场附近的香港口岸人工岛，向西横跨南海伶仃洋后连接珠海和澳门人工岛，止于珠海洪湾立交；桥隧全长 55 千米，桥面为双向六车道高速公路，设计速度 100 千米 / 小时；工程项目总投资额 1269 亿元。港珠澳大桥因其超大的建筑规模、空前的施工难度以及顶尖的建造技术而闻名世界。截至 2018 年 10 月，港珠澳大桥是世界上里程最长、沉管隧道最长、寿命最长、钢结构最大、施工难度最大、技术含量最高、科学专利和投资金额最多的跨海大桥；大桥工程的技术及设备规模创造了多项世界记录。

护卫京津的生态屏障

——塞罕坝机械林场护林工

有人形容，如果这个离北京最近的沙源堵不住，那就是站在屋顶上向院里扬沙。

——李春雷《塞罕坝祭》

康熙年间：鹿鸣秋草盛，人喜菊花香。日暮帷宫近，风高暑气藏。

57年前：飞鸟无栖树，黄沙遮天日。

现在：河的源头，云的故乡，花的世界，林的海洋……

一个见证历史变迁的"林子"，喟叹着一个王朝的落寞又奏响了民族的

赞歌。

这就是塞罕坝林场，它位于今河北省承德市围场满族蒙古族自治县，

现在，我们就循着历史的车轮去探寻塞罕坝机械林场的前世今生，去倾听一场自然与人类集体的对话……

塞罕坝，蒙古语与汉语的组合，意为"美丽的高岭"。曾经是清代木兰围场的中心地带，主要用于"肄武、绥藩、狩猎"。《围场厅志》记载，当年这一带"落叶松万株成林，望之如一线，游骑蚁行，寸人豆马，不足拟之"。黄钺的《木兰纪事》可见出清雅："香草丰茸三尺赢，据鞍似踏绿波行。怪它马耳双尖没，尽作春江风雨声。"

惜乎时光如刀，将延续着的荣光强行剪断。风雨飘摇的清王朝，已经顾不上什么"香草"与"绿波"、"马耳"与"春江"，反而虎视眈眈，把这里视为一块肥肉。于是，渐渐地，曾经的绿色大厦轰然倒塌，风沙来了。时光一步一步地走，风沙一口一口地吞下这一片片绿……

新中国成立后，专家建议，如不尽快治理塞罕坝，内蒙古的浑善达克、

巴丹吉林等地的沙漠将继续南侵，而浑善达克距北京的直线距离仅 180 公里，是距北京最近且最大的沙源，如无屏障隔离，它将直逼我们的首都——北京。

风沙肆虐，甚是猖狂，国家下定决心要治理！

1961 年 10 月，时任林业部国有林场管理总局副局长刘琨受命带队来到塞罕坝勘查。他感慨道"尘沙飞舞烂石滚，无林无草无牛羊"。

1962 年，我国决定建立塞罕坝机械林场，确立任务有四个。第一，建成大片用材林基地，生产中、小径级用材；第二，改变当地用材面貌，保持水土，为改变京津地带风沙危害创造条件；第三，研究积累高寒地区育林和造林的经验；第四，研究积累大型国有机械化林场经营管理的经验。于是，来自 18 个省区市、24 所大中专院校的毕业生和周边地区的干部职工，组成 369 人的建设大军，这队人马平均年龄不足 24 岁，雄心万丈，进驻塞罕坝，立志重整山河大地。

当时的环境是怎样的呢？塞罕坝的冬季漫长，年均气温在零下 1.3℃，极端最低气温为零下 43.3℃，年均积雪 7 个月，年均无霜期仅 64 天，年均 6 级以上大风日数 76 天。在那里人们喝的是雪水、雨水、沟塘子里的水，吃的是黑莜面窝头、土豆和咸菜。住的条件更是艰苦，房子不够住，林场建设者们就住在仓库、马棚、窝棚、泥草房里。冬天，嗷嗷叫的白毛风，吹到人身上刺骨地疼，一刮起来面对面也看不清对方，呼吸都很困难，他们的脸上、鼻子上、耳朵上、手上和脚上都长了冻疮。由于缺乏在高寒、

高海拔地区造林的经验，前两年造林成活率不到 8%。1962 年种下的 1000 亩树苗成活率不足 5%，次年春天又造林 1240 亩，成活率仅提高 3%。

　　1964 年春天的马蹄坑大会战，开始得悲壮，结束得雄壮，全面提振了林场建设者的士气和信心。那是怎样艰难的一场又一场"战役"啊！在漫长的发展历程中，塞罕坝林场曾经多次遭遇"机械造林失败""下马风波""冰霜雾凇""干旱""虫灾"……面对重重困境，几代塞罕坝人肩负使命，犹不改初衷。他们始终以造林绿化为崇高使命，坚持"先治坡、后治窝，先生产、后生活"，兢兢业业，拼搏不息。马蹄坑位于总场东北部 10 公里处，三面环山，南临一条小河，形如马蹄踏痕，共有 760 亩地。这里地势平缓，适宜机械作业。这年的 4 月 20 日，王尚海、刘文仕精心挑选了 120 名员工，调集了最精良的装备，分成 4 个机组，挺进马蹄坑。树苗是一棵一棵精挑细选的"矮胖子""大胡子"落叶松；栽植密度是精心测算过的，所有的苗子全程保湿，覆盖草帘，以防阳光照射。植树机过后，还要对每一棵树进行人工校正，用脚踩实。早春的塞罕坝，白天气温在零下 2℃。山上的风特别大，男同志跪在雪地里采伐残木，女同志负责把残木用大麻绳捆好，然后拖到山下。由于积雪太深根本没有路，拖起来十分吃力，他们使出浑身力气才能缓慢地向前挪动，汗水把棉袄湿透了，棉衣又结成了"冰甲"。但他们却没有退缩，植树、阻沙、蓄水源，共产党员带头、青年突击手带头、技术能手带头，大家群情振奋……当年 7 月，调查成活率的报告出来了，平均成活率 95% 以上；10 月，调查保存率的报告也出来了：当年保存

率 99% 以上。这一年的 10 月，塞罕坝的莜麦丰收了，农耕队传来了好消息，30 多万斤粮食入库。"马蹄坑大会战"，开创了国内使用机械栽植针叶树成功的先河，农耕队种粮的丰收，也鼓舞了大家。就这样，彻底击垮了"下马"风，塞罕坝造林全面开始，由每年春季造林发展到春秋两季造林，最多时一年造林达到 8 万亩。

1977 年，塞罕坝被一场罕见的"雨凇"灾害袭击，"一颗三米高的落叶松上，挂着的冰有 500 斤重"，受灾面积达到 57 万亩，曾被人们掠夺伤残得千疮百孔的大自然是不会轻易"束手就擒"的。不足三年时间，大自然再度"偷袭"，让正处于生长期的树木遭遇三个多月的干旱，12.6 万亩的落叶松悲怆地倒下。然而恶劣的条件并未打消塞罕坝机械林场建设者的满腔豪情，也并未冷却他们的一腔热血，为祖国耕种林海的信念激励着他们，尽管屡战屡败，但他们仍重整旗鼓，团队协作，不断探索创新，不断跟大自然较量。

就这样，塞罕坝机械林场建设者们一路攻坚克难，迎难而上，不畏劳苦，团结一致，甘于奉献，一代接着一代干，驰而不息，久久为功，成功培育出世界上面积最大的人工林，努力形成了人与自然和谐发展新格局。1962 年至 2017 年的 55 年间，塞罕坝老中青三代人造成了 112 万亩的世界最大人工林，当地森林覆盖率高达 80%。国家气象资料表明，20 世纪 50 年代，北京年平均沙尘天数 56.2 天；2002 年至 2012 年，北京春季沙尘天数减少 70% 多。

如今的塞罕坝机械林场，已成为护卫京津的生态屏障，百万亩林海有效地阻止了浑善达克沙地南移，在为京津阻沙源、涵水源方面，起着不可替代的作用。

塞罕坝人，一群平凡的人，却完成了一桩功在当代，利在千秋的伟业！接下来，让我们听一听战斗在前线的塞罕坝人的声音：

林场退休职工刘彦娴表示，50多年过去了，当年的小树苗已经长成了百万亩林海，曾经留下的泪水与汗水，变为今日的骄傲与荣光，如果能回到19岁重新选择一次，他会毫不犹豫地告诉大家：选择塞罕坝，我无怨无悔。

林场干部于世涛在林场中奉献了自己的青春，同时也收获了自己的爱情。

林场职工杨丽有一次在上山时被一种叫做"桦皮夹子"的虫子咬到，四天后才发现苍蝇大小的虫子已经深深烂死在了自己的肉里，到了医院后才取了出来。于是，在坝上的8年里，她从未穿过裙子，当鲜花铺满林场，花海，就是她最美的裙子。

河北省林业厅党组书记、厅长周金中说，如今，塞罕坝的单位面积林木蓄积量，是全国人工林平均水平的2.8倍。这里的森林生态系统每年能产生上百亿元的生态服务价值，每年释放的氧气可以供200万人呼吸一年。更加令人欣喜的是，美丽高岭上的这片绿色，正在燕赵大地蔓延开来。

只有荒凉的沙地，没有荒凉的人生。57年来，塞罕坝人坚守忠于使命

的崇高品质，保持攻坚克难的无畏精神，秉承绿色发展的不懈追求，将一片荒漠变为百万亩林海。

塞罕坝机械林场建设者们甘于奉献自己的青春，到祖国需要的地方发光发热，不畏艰苦，团结一心，攻坚克难，他们心中装的不是自己而是林场，却不止于一片林场。

正是因为一个个这样的集体，将集体的利益和祖国的需要立于心中，不忘初心、牢记使命，新中国才能够发展，14 亿中华儿女才能够向中华民族伟大复兴的中国梦一步步靠近。

集体主义

人物简介:

　　河北省塞罕坝机械林场位于河北省承德市围场满族蒙古族自治县北部坝上地区,属内蒙古浑善达克沙地南缘,系内蒙古高原与大兴安岭余脉、阴山余脉交接处,是清朝著名的皇家猎苑"木兰围场"的重要组成部分。北部隔河与内蒙古自治区多伦县、克什克腾旗接壤,南、东分别与承德市御道口牧场和围场县的五乡一镇相邻,海拔1010米~1939.9米。境内是滦河、辽河的发源地之一。塞罕坝机械林场是1962年由原林业部建立,1968年划归河北省林业厅管理。国家5A级旅游区全场总经营面积140万亩,其中有林地面积达到112万亩,森林覆盖率达到80%,林木总蓄积量达到1012万立方米。2014年4月,中宣部授予塞罕坝机械林场"时代楷模"荣誉称号。2017年12月,获得联合国环境规划署颁发的地球卫士奖。

知识链接:

　　几十年来,河北塞罕坝林场的建设者们听从党的召唤,在"黄沙遮天日,飞鸟无栖树"的荒漠沙地上艰苦奋斗、甘于奉献,创造了荒原变林海的人

间奇迹，他们用实际行动诠释了"绿水青山就是金山银山"的理念，铸就了牢记使命、艰苦创业、绿色发展的"塞罕坝精神"。他们的事迹感人至深，是推进生态文明建设的一个生动范例。他们强调，全党全社会要坚持绿色发展理念，弘扬塞罕坝精神，持之以恒推进生态文明建设，一代接着一代干，驰而不息，久久为功，努力形成人与自然和谐发展新格局，把我们伟大的祖国建设得更加美丽，为子孙后代留下天更蓝、山更绿、水更清的优美环境。

知识链接：

地球卫士奖（原"全球500佳"），创立于2004年，是联合国环境规划署（UNEP）每年颁发的一个国际奖项，表彰通过自身行动和影响力展现对环境领导力的承诺和愿景的个人。2017年中国塞罕坝机械林场建设者获得"激励与行动奖"。

不是一个人的战斗

——中国女排

广大人民群众对中国女排的喜爱，不仅是因为你们夺得了冠军，更重要的是你们在赛场上展现了祖国至上、团结协作、顽强拼搏、永不言败的精神面貌。女排精神代表着一个时代的精神，喊出了为中华崛起而拼搏的时代最强音。

2016 年里约奥运会上，中国女排以 3：1 逆转，战胜塞尔维亚队，时隔 12 年再次获得奥运会冠军，中国女排的姑娘们再次成为世界的焦点。

自 20 世纪 80 年代来，中国女排从最初的崭露头角到如今的锋芒毕露，再到沉淀稳重，一路走来，中国女排在世界排球赛中，凭着顽强战斗、勇敢拼搏的精神，为国争光，为人民建功。1981 年 11 月 16 日中国队以 3：2 的成绩艰难获胜，夺得首个女排世界杯冠军。此后，中国女排姑娘连续囊

括了世界杯、世界锦标赛和奥运会 4 次世界冠军，也成为世界排球史上第一支连续 5 次夺冠的队伍，开创了中国"三大球"翻身的新篇章。

郎平说："女排精神不是赢得冠军，而是有时候明知道不会赢，也竭尽全力。是你一路即使走得摇摇晃晃，但依然坚持站起来抖抖身上的尘土，眼中充满坚定。""扎扎实实，勤学苦练，无所畏惧，顽强拼搏，同甘共苦，团结战斗，刻苦钻研，勇攀高峰。""女排精神"是中国女子排球队顽强战斗、勇敢拼搏精神的概括。正如央视解说员洪钢所言，中国女排是一支威武雄壮之师，总能创造奇迹，在最需要的时候给人精神慰藉。

然而中国女排的成功之路并非一帆风顺，而是像螺旋式梯子一样，是不断前进、不断发展的过程，而"团结"这个词，一直是支撑整个团队的最强音。作为一项团体项目，中国女排能多次站在最高领奖台，靠的就是团队协作的集体主义精神。

20 世纪 80 年代，中国女排在袁伟民等教练的指导下，在第三届世界杯、第九届世锦赛、第 23 届洛杉矶奥运会、第四届世界杯和第十届世界女排锦标赛均获得冠军，成就了世界女排史上的首个五连冠佳绩。20 世纪 90 年代，中国女排在汉城奥运会上夺得铜牌。1995 年，郎平担任教练率领中国女排逐渐走出低谷，获得亚特兰大奥运会银牌和第十三届世界女排锦标赛亚军。2000 年，中国女排在悉尼奥运会上止步八强。兵败后，中国女排吸取经验，不断努力，在陈忠和教练的带领下，在 2003 年世界杯和 2004 年雅典奥运会上均夺得冠军。

凭借着良好的状态，中国女排在 2005 年亚洲女排锦标赛上卫冕冠军，2008 年又在北京奥运会夺得奥运会铜牌。此后，在世界女排大奖赛香港站获冠军。2013 年，郎平正式挂帅，再次执教中国女排，中国女排先后夺得世界女排大奖赛总决赛亚军、女排世锦赛亚军、女排亚锦赛冠军，获得 2016 年里约热内卢奥运会参赛资格，最后夺取了奥运冠军。

郎平曾表示："在我的字典里，'女排精神'包含着很多层意思。其中特别重要的一点，就是团队精神。女排当年是从低谷向上攀登，没有多少值得借鉴的经验，但是在困难的时候，大家总能够团结在一起，心往一块想、劲往一处使。"

在赛场中，各个国家的队员们针锋相对，中国女排曾受到漠视，但她们坚持做好自己，一直用实力说话。2003 年女排世界杯中，中国女排夺得冠军，赵蕊蕊和冯坤分别获得最佳扣球和最佳二传的荣誉称号，来自巴西

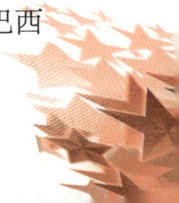

的瓦莱斯金哈一人荣获最佳拦网和最佳发球两个称号。赛后的个人颁奖典礼上，瓦莱斯金哈看都没看冯坤和赵蕊蕊一眼。2018年女排世锦赛上，中国女排获得季军，塞尔维亚女排、意大利女排分别获得冠亚军。在赛后的团体颁奖仪式上，中国女排和塞尔维亚女排双方互相击掌祝福。当颁发个人奖项时，最佳主攻意大利的塞拉和中国女排的朱婷全程无交流，朱婷与中国女排队友击掌相庆，还跟塞尔维亚女排队员逐一击掌。最佳接应意大利女排的艾格努上台对中塞两国队员同样是漠视。然而在之后的世界女排联赛香港站中，中国女排五局比赛全胜意大利女排，打破意大利女排的六连胜势头。

在赛场上，中国女排不畏强敌，凭借着超凡的实力，一次次跳跃，一次次扣球，一次次拦网，一次次用实力证明自己，赢得了对手的尊重。

提到女排，我们会想起有着"铁榔头"称号的郎平。郎平作为中国女排的教练，带领着中国女排一步步成长，一次又一次站上世界冠军的领奖台。2015年，郎平获得《感动中国》年度人物。"临危不乱，一锤定音，那是荡气回肠的一战！拦击困难、挫折和病痛，把拼博精神如钉子般砸进人生。一回回倒地，一次次跃起，一记记扣杀，点染几代青春，唤醒大国梦想。因排球而生，为荣誉而战。一把铁榔头，一个大传奇！"新浪体育评论她"郎平细节定成败，以身作则传承女排精神"。可是，她最引以自豪的身份却是中国女排教练。今天，中国女排的自豪不仅来自她们自己的不懈努力，更离不开郎平教练的悉心指导。

在排球场上，女排姑娘们挥洒了太多的汗水和泪水，用自己的努力承载着心中的梦想、祖国的希望。如今，球队里大多为"90后"的姑娘，她们来自不同的地方，不同的球队，有着不同的背景，她们个性迥异，各有所长，但她们有着共同的爱好，她们互相鼓励，共同进步，在这片球场上奔着共同的目标，不断向前。

团队中每位队员都有自己的性格特点和球技专长，在生活中和训练中，她们是不同的，但是在赛场上却又是相同的，就像一支整齐的旋律奏着属于中国的歌。

出生在普通家庭的朱婷凭借着身高优势和坚定的毅力进入国家队。2016年，土耳其女排联赛豪门瓦基弗银行官方宣布与中国女排主攻朱婷签约。朱婷成为第一个为国际顶级俱乐部效力的中国排球运动员。土耳其瓦基弗银行队友卡拉库尔特对朱婷评价道："对我来说，这是很好的学习机会，因为她是一位很好的主攻，很好的边攻手，她简直无所不能。"

来自江苏女排的惠若琪曾任第15任女排国家队的队长，不服输的性格让她无论是在热爱的排球事业，还是在文化课上，都有着出色的成绩。里约奥运会前，曾做过两次心脏手术的她，恢复后凭着出色的发挥被选入奥运会。队伍出战里约奥运会时，队长惠若琪带领中国女排在预赛和决赛中，过五关斩六将，夺得奥运会冠军。

如今在中国女排这支队伍里，有着经验丰富的老将，同时也在不断注入着新鲜血液。赛场上，她们互相配合、共战敌手；比赛后，她们互相鼓励、

共同进步。

团队的概念不仅仅体现在赛场上，队员虽然更迭，大家始终相亲相爱。退役运动员或许离开了球场，但她们从未忘记为中国排球事业的发展贡献一份力量，用行动传承着"女排精神"。

惠若琪退役后，一直热心公益，并成立"惠基金"。惠若琪说："公益是我现在在做、也非常想持续做的事情，因为我觉得，这可能是我体育人以外的另一个身份。以前为国争光这件事是我们的头等大任。因为那时，中国体育需要竞技成绩的优秀。到现在，我们已经证明了我们的竞技实力非常优秀。体育的另外一面是能够号召更多的人参与，并且能够给更多的人带来快乐，把体育当成一种生活习惯。所以说，我觉得这是我身上的另外一份责任。"

魏秋月、徐云丽退役后却不曾离开女排。只要中国女排有重要赛事，她们都会回到球队，她们既不是聘用的教练，也不是助教，她们作为队内的"传帮带"，一直为中国女排的进步和发展做着自己的贡献。也正是因为有这样一群乐于为中国排球事业贡献力量的人，中国女排事业的发展才有今天的成绩，才能在赛场上赢得对手的尊重。

意大利女排队员埃格努曾做出评价："中国女排虽然拥有朱婷这样的世界顶级球员，但没有一个好的团队，比赛也是赢不了的。"中国女排永不放弃，她们不是一个人的战斗，她们用行动诠释着女排精神。生命不止，战斗不息，回顾中国体育发展史，鲜有一项运动或是一种精神能够电照风行，成为唱

响四十年经久不衰的时代旋律，而女排精神做到了，团结是她们的代名词，顽强战斗、勇敢拼搏是她们传承的动力。

"东京！我们来了！"2019年8月4日晚，中国女排以3∶0战胜土耳其队，获得小组第一，拿到了东京奥运会的"入场券"。在接下来的训练中，女排姑娘们将顽强斗争，勇敢拼搏，为东京奥运会做好十足的准备，也希望中国女排带着国家的希望在东京奥运会能够取得出色的成绩！

人物简介：

中国国家女子排球队（简称中国女排）隶属于中国排球协会，是中国各体育团队中成绩突出的体育团队之一。曾在 1981 年和 1985 年世界杯、1982 和 1986 年世锦赛、1984 年洛杉矶奥运会上夺得冠军，成为世界上第一个"五连冠"，并又在 2003 年世界杯、2004 年奥运会、2015 年世界杯、2016 年奥运会四度夺冠，共九度成为世界冠军（包括世界杯、世锦赛和奥运会三大赛）。中国女排是中国三大球中唯一一个拿到冠军奖杯的队伍。

知识链接：

"女排精神"曾被运动员们视为刻苦奋斗的标杆和座右铭，鼓舞着他们的士气和热情。最关键的是，它因契合时代需要，不仅成为体育领域的品牌意志，更被强烈地升华为民族面貌的代名词，演化成指代社会文化的一种符号。它一直与女排的得失、沉浮紧紧联系在一起，并成为评价中国女排的最难以割舍的标准。

"女排精神"之所以备受推崇，最重要的是那种足以流芳百世的不畏强敌、顽强拼搏、永不言弃的精神，远远比"五连冠"本身更加能鼓舞国人。

星河璀璨　逐梦苍穹

——北斗导航团队

> 北辰七政协长庚，斗转星移耀太空；新兵上阵肩国重，锐意创新踏征程。东风入律汇愿景，方骖并路聚冕宁；启设天网裕民众，明德任责铸华梦。
>
> ——北斗三号卫星系统总设计师林宝军藏头诗《筑梦中华》

遥远的银河深处，闪耀着七颗明亮的星星，其形态像极了古代舀酒的斗形，故名曰北斗。斗转星移，到了 20 世纪 80 年代，彼时的中国大地已经悄然开始探索一条适合国情的卫星导航系统发展之路。终于，在 1994 年，随着两颗导航卫星先后发射成功，中国拥有了自己的导航卫星代号"北斗一号"。从此，星河璀璨，北斗导航团队正式开启了漫漫问天征程。

从第一颗导航卫星刺破苍穹，到目前第 46 颗卫星发射成功；从屡遭诟

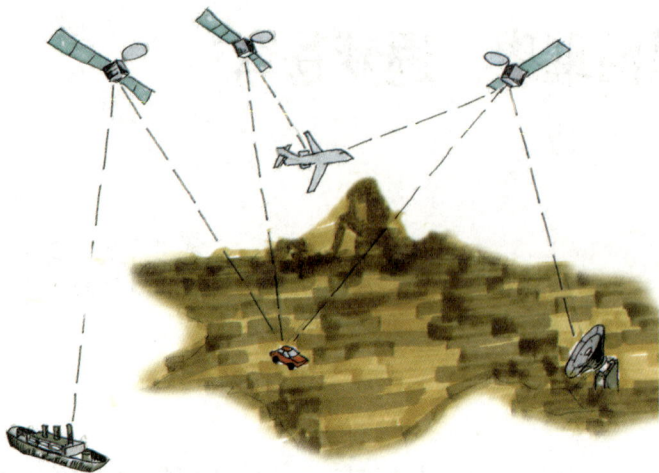

病、不被看好到初显身手再到名声大噪；从空白起步，到争夺频率，再到覆盖亚太走向全球……勇拼搏、能战斗、善团结的北斗导航团队一路攻坚克难、所向披靡，将集体主义精神体现得淋漓尽致。

"起步晚，底子薄。"这是我国卫星导航系统起步发展面临的窘状。1978 年，美国已经开始实施 GPS 计划，但按当时中国的技术条件，研制一套类似 GPS 定位的导航系统还是遥不可及的梦想。尽管如此，我国的科学家们从未停止过对定位导航卫星的论证。1983 年，以"两弹一星"功勋奖章获得者陈芳允院士为代表的专家学者们颇有远见地提出了"双星定位通信系统"方案，并在 1989 年演示成功，实现了地面目标利用两颗卫星快速定位、通信和定时一体化。但由于种种原因，双星方案一再被搁置，直到海湾战争爆发后才立即启动。

1994 年，"北斗一号"系统工程立项，组建卫星研制团队全面展开。

经过艰苦卓绝的关键技术攻关和重大故障的成功排除抢修，我国终于在2003年建成"北斗一号"系统，成为继美、俄之后第三个拥有自主卫星导航系统的国家。然而，"北斗一号"系统虽然达到了设计指标，但其定位精度仍然远远比不过美国GPS系统，我国对新一代"北斗二号"建设的呼声日益高涨。北斗人至今还记得研制首颗"北斗二号"卫星那段"激情燃烧的岁月"，首先要做的就是抢占频率资源。

根据国际电联规则，各国频率资源都有时限，过期则作废。时间不等人，守护我国卫星频率势在必行。2007年4月11日，临近卫星发射的时刻，现场出现突发情况，如若三分钟内不能解决，后果不堪设想。说时迟，那时快，发射指挥员一分钟内下了7道指令，所有成员屏息凝神、紧密配合，从容不迫地完成各项指令。终于，火箭带着北斗试验星成功升空。两天后，北京地面接收到了清晰的信号，此时距离空间频率失效时间仅剩下不到4个小时。正是那一次惊心动魄的壮举，有效地保护了我国卫星导航系统的频率资源，拉开了"北斗二号"区域导航系统建设的序幕。

"两弹一星"功勋奖章获得者、中科院院士孙家栋曾说过，中国的北斗是世界的北斗，中国的北斗不仅为中国人作贡献，也要为世界人作贡献。随着一次次卫星成功升空，北斗导航系统"三步走"发展战略现在已经走到第三步，从"北斗一号"向国内提供服务，"北斗二号"向亚太地区提供服务，到如今"北斗三号"开启全球化服务进程。从白手起家到并跑超越，中国北斗人在短短20余年里不断刷新卫星导航领域的"中国速度"，实现"惊人飞跃"。

"这是一项团队工程，没有个人英雄，卫星导航事业的成功是一个团队的成功。""北斗三号"工程副总设计师、卫星首席总设计师谢军在一次采访中如是说。的确，每一颗北斗卫星背后都有着强大的幕后团队，牵动着卫星、运载火箭、运控、应用、测控、发射场等各大系统，而每个系统中的每位成员几乎都是"有故事的人"。

　　1995年初春，正在攻读博士学位的国防科大博士生王飞雪、欧钢以及雍少为无意得知"北斗一号"导航系统建设正面临历经十年攻关仍未获突破的技术瓶颈。三位年轻的博士齐心协力，就在仓库做起了实验，连续几个通宵，经过反复推导论证，终于提出了一个全新的算法。三年后，三位博士身体力行用实验证明了当初推导的算法。当显示器上脉冲闪耀、信号捕捉成功的一刻，业内20多位专家不敢相信自己的眼睛，纷纷起身鼓掌，慨叹连连。这就是深深影响年轻一代北斗人的著名故事"仓库实验"。

　　20年来，新一代北斗人才俊辈出，他们用青春与智慧全力以赴，力争实现全球组网的北斗梦想。中科院微小卫星创新研究院导航团队就是北斗系统中的一支年轻团队，平均年龄31岁，60%是"80后"，23%是"90后"。年轻的北斗人不怕苦、不怕累，将全部心思都放到了一次次卫星发射。于是，我们就可以看到，即便深夜，卫星厂房也常常灯火通明；连周边的居民也都知道，"这个单位没有固定下班时间"；劳动部门统计工作量显示，几乎每个科研人员一年工作时长相当于400余天，除去节假日，相当于把一年当作两年用……

而几十年如一日驻扎在北斗系统一线的老北斗人更是将北斗精神融入血液。从事加注工作 40 余年的白崑顺师傅，双手因燃料浸染如同树皮般干枯，但他常说："干了一辈子，并不觉得苦，确保成功，是我这辈子最大的意义。"作为导航团队的老员工，鲍恩竹一直从事着总体电路工作，没有成果，没有改变，如同卫星电路的"铺路工"，一干就是 20 年，可在她看来，"为导航事业奋斗一生，那种感觉相当光荣"。

尽管身处不同岗位、面临不同挑战，但是全体北斗人总是心往一处想、劲儿往一处使，以集体主义的大无畏精神，以无私奉献的家国情怀，共同推动北斗工程稳步前行。

"自主创新，团结协作，攻坚克难，追求卓越。"这是中国北斗人的精神信仰；为全球用户提供更精确、更完美的中国精度，使中国的北斗成为世界的北斗，这是中国北斗人的初心使命。如今，在浩瀚星空中，几十颗中国"星星"不断闪烁，不仅指明了导航方向，更彰显了大国力量。

人物简介：

　　谢军，1959 年出生，山西临汾人，中共党员，研究员，现任"北斗三号"工程副总设计师、"北斗三号"导航卫星首席总设计师。他认为卫星研制是一项团队工程，没有个人英雄，航天事业的成功是一个团队的成功，"有一支特别能吃苦、特别能奉献的队伍，让每一道难题都迎刃而解，让每一次险情都转危为安。工作久了，奉献已经成了一种习惯，觉得就应该义不容辞地去做这些事情"，这是谢军也是所有航天人内心最质朴的声音。

知识链接：

　　北斗卫星导航系统（BDS）是中国自主研制的全球卫星导航系统，是继 GPS、GLONASS 之后第三个成熟的卫星导航系统，为全球用户提供全天候、全天时、高精度的定位、导航和授时服务。中国始终秉持和践行"中国的北斗，世界的北斗"的发展理念，服务"一带一路"建设发展，积极推进北斗系统国际合作。与其他卫星导航系统携手，与各个国家、地区和国际组织一起，共同推动全球卫星导航事业发展，让北斗系统更好地服务全球、造福人类。

筑梦九天航天魂

——航天员群体

望断家乡思万缕，缤纷化作长虹舞。数年磨砺练神通，神舟三番问苍穹。邃密先科毫不苟，探求洪宇奥无穷。仙槎列列排云上，载我诗情到碧空。

星空浩瀚无比，探索永无止境。载人航天是当今世界最复杂、最庞大、最具风险的领域，其发展是衡量一个国家综合国力的重要标志。2003 年 10 月 15 日，神舟五号载人飞船升空，向全世界证明中国掌握了载人航天技术。在此后的时间里，一批又一批中华英雄儿女怀揣着梦想，肩负着责任踏上了太空的探索之旅。

作为一个为梦想而生、因飞天而荣的英雄集体，中国人民解放军航天

员大队组建 20 年来，以敢上九天揽月的气魄，六上太空，连战连捷，为我国载人航天事业做出了卓越贡献。

1998 年 1 月 5 日，从千余名优秀的空军飞行员中精心选拔出来的 14 人汇集在北京航天城，面对五星红旗庄严宣誓，成为了中国首批航天员，这一天，中国人民解放军航天员大队诞生。当时入选的 14 人，最年轻的也已经 30 岁，工作 10 多年，再捡起书本，用一年的时间熟练掌握大量艰涩的理论知识，对每个人来说都是严峻的考验，这也被航天员称为了"登天第一关"。

抛开学习，航天员们面临的第二重考验便是航天环境适应训练。在高速旋转的离心机里，常人只能承受 3～4 个 G 的重力加速度，航天员却要承受 40 秒的 8 倍重力加速度。训练中，他们的五官被挤压变形，眼泪不自觉地往外飞，胸部极度压抑，呼吸非常困难，手臂也抬不起来。做这种训练时，

航天员手边有一个红色按钮，一旦挺不住了就可以立即按动红钮，请求暂停。但20年来，没有一个人按过这个红钮。

在太空飞行中，航天员的每一个操作、每一个细节都直接关系到飞行任务的成败。9大本、上百万字的飞行手册便是航天员在执行任务时候的宝典，数以万计的指令成为习惯动作和肌肉记忆，每个人闭上眼睛都能精准无误地全流程操作。

最终，经过严格考核与评定，先后选拔的两批21名航天员顺利通过考核，全部具备了独立执行载人航天飞行任务的能力，创造了世界航天员训练零淘汰率的纪录，在世界航天界绝无仅有。

从2003年第一艘载人飞船的发射成功，21小时23分钟的太空之旅，到2005年两人115小时32分的太空飞行，2008年出舱行走任务的完成，再到2012年第一位女性航天员飞向了太空，2013年神舟十号航天员的太空授课，2016年长达33天的宇宙飞行。这是一段壮美无比的征程：一人、两人、三人……寥寥数人的出征胜似千军万马上战场，每一次都标注了中国人探索未知的新高度。

伴随着我国航天事业发展成长的航天员群体矢志献身航天事业，精研苦训掌握飞天技能，用出色完美的六次飞行给我国载人航天事业的发展画上了浓墨重彩的一笔，一人被党中央、国务院、中央军委授予"航天英雄""英雄航天员"荣誉称号，一人被授予"八一勋章"。2017年"八一"前夕，中央军委主席习近平签署通令给中国人民解放军航天员大队记一等

功。2018 年 1 月 25 日，中共中央宣传部授予航天员群体"时代楷模"荣誉称号。这是一个千锤百炼的英雄群体：在中华民族的奋进史册里，飞天勇士叩问苍穹无疑是最精彩的篇页之一。

2003 年，当神舟五号载着杨利伟飞向太空时，两名年轻的飞行员在不同地方，同时通过电视目睹了火箭升空的那一瞬。当时无比渴望有朝一日可以登上太空的陈东，不会知道 13 年后，他会乘坐神州十一号飞船进行中国持续时间最长的载人飞行活动。还在埋头苦练的王亚平也不会想到 10 年后，自己会在神舟十号的船舱里面给地面的中小学生授课。

飞行归来，有小朋友问王亚平："你在太空中会不会做梦？"她笑着回答："在太空，不管做不做梦，我都已经在自己的梦里了。"每一位航天员都深知，飞天梦，不仅仅是自己的梦。这个梦是载人航天工程的飞天梦，每一次载人飞行都是对全体航天人的考验，超过 10 万名的技术人员用齿轮咬合般的团结协作，托举起来一次次的飞行。"两弹一星"元勋孙家栋这样形容"集体"："离开了集体的力量，个人将一事无成。"

这个梦是亿万中华儿女热烈期盼的民族飞天梦。"到了太空，地球的引力变得微乎其微，祖国的引力却越来越重。"航天员们有一个共同的感受：每次飞临祖国上空，心跳都会加速，会不由自主地凝望祖国的疆域，情不自禁地隔着舷窗想去触摸，每一次都会热泪盈眶。"神舟六号"航天员费俊龙这样对国外同行说："你可以分享我的快乐，却无法分享我的自豪。因为在我身后，有强大的祖国，站立着 13 亿多人民！"2004 年，杨利伟在美国纽约应邀出席华人华侨的一次活动时。一位年近八旬的老华侨拉着他的手，语调颤抖，脸上满是泪痕的说到："你们飞多高，中国人的头就能昂多高！"

伟大的事业孕育伟大的精神，伟大的精神推动伟大的事业。"特别能吃苦、特别能战斗、特别能攻关、特别能奉献"这四个特别完美诠释了航天员群体的精神品质。

人物简介：

刘洋，女，汉族，中国首位女航天员。1978年10月生，河南林州人，1997年8月参加工作，2001年5月加入中国共产党，清华大学社会学专业毕业，研究生学历，博士学位，工程师。2013年2月1日，当选为2012中华儿女年度人物。2018年1月，被中宣部授予"时代楷模"荣誉称号。现任全国妇联副主席（兼），解放军航天员大队航天员。

王亚平，1980年1月生于山东省烟台市福山区，毕业于空军长春飞行学院，中国女航天员。1997年，王亚平被选至长春飞行学院。2001年，获得军事学学士学位。毕业后，进入武汉空军运输航空兵部队，成为一名运输机飞行员。2000年5月入党。2010年5月正式成为中国第二批航天员。经过近三年的航天员训练通过航天员专业技术综合考核。2013年4月，入选天宫一号与神舟十号载人飞行任务飞行乘组。2013年7月26日，王亚平获得英雄航天员荣誉称号及三级航天功勋奖章。2014年9月15日，太空探索者协会第27届年会在北京闭幕，航天员王亚平被授予年会最佳技术报告奖。现为中国人民解放军航天员大队四级航天员，中校军衔；全国青联副主席。

知识链接：

2005 年 10 月 17 日，我国自主研制的"神舟六号"载人飞船顺利返回。喜讯传来，举国欢腾。中共中央、国务院、中央军委对神舟六号载人航天飞行获得圆满成功致电热烈祝贺，全世界中华儿女无不为之感到骄傲和自豪。伟大的事业孕育伟大的精神，伟大的精神推动伟大的事业。载人航天工程是当今世界高新技术发展水平的集中体现，是衡量一个国家综合国力的重要标志。

圆中华奔月梦

——"嫦娥一号"研发团队

　　"嫦娥一号"研发团队是一支年轻的队伍，平均年龄仅 30 岁，副总指挥 34 岁，副总设计师 37 岁，总体主任设计师 36 岁。这是一群航天才俊，3 年多来先后攻克了轨道设计、月食问题、数传定向天线研制、卫星热设计、导航与控制分系统设计、测控数传分系统设计、紫外月球敏感器、数管分系统设计等一系列技术难题，拿下了一大批具有自主知识产权的核心技术。2007 年 11 月 7 日，当"嫦娥一号"卫星以超出设计预期的精准度进入环月工作轨道的那一刻，举国欢庆、全民振奋，中国人千年奔月的愿望终于梦想成真。

　　——《感动中国》2007 年度"嫦娥一号"研发团队特别奖

浩瀚星空人类初识，太空探索昭示未来

有很多人困惑，花费数以亿计的国家财富进行太空探索真的值得吗？诺贝尔和平奖获得者阿尔贝特·施韦泽说："我忧心忡忡地看待未来，但仍满怀美好的希望。"太空就是人类未来的希望，每一次探索，无论成功或失败都是向着未来更近了一步。

太空探索，是尖端技术的阵地，是技术革新的战役。解答长久以来困扰人类的太空之谜仅是起点，终点在于建设更美好的人类家园。在太空探索中生根发芽的尖端技术，最终将在农业、工业、军工等领域开花结果，造福人类。

回望百年太空探索史，1942 德国 V-2 火箭升天；1957 年苏联将人造卫星送入轨道；1961 年加加林代表人类踏入无人深空；1969 年阿波罗计划正式实施……犹如刚出生婴儿般，人类脱离了地球母亲的孕育，在浩瀚星空前发出了在太空中的第一声啼哭。

民族传说飞天探月，嫦娥奔月彰显中华

1956 年，国防部五院成立，中国航天事业扬帆起航；1970 年，东方红卫星发射，中华民族有了自己的人造地球卫星；2003 年，"神舟五号"任务圆满完成，正式迈入载人航天领域；2007 年，"嫦娥一号"探月成功，开启深空探测时代。人类三大航天领域留下了中华民族的足迹，也镌刻下了每一个在背后默默付出的团队，集体主义精神闪耀其中。63 年来，从茫茫戈壁滩到浩瀚星河，中国实现了在太空探索技术领域的追赶和超越，在一代又一代无名英雄的奉献之下拥有了自己的核心技术。非常之功取决于非常之人，伟大工程成就于不凡的集体。

青年才俊勇挑大梁，不畏艰难甘之如饴

"嫦娥一号"研发团队，这支平均年龄 30 岁的队伍，向世界昭告了中国的新生力量。"嫦娥一号"任务交给中国空间技术研究院时，正是人才青黄不接之时，重大任务怎么交待、交待给谁是个关键问题，但又是个难题。老一辈研发员虽经验丰富，但任务重、周期短、难关多，他们不免力不从心，于是，时代将青年人推到了风口浪尖上，让他们成为了掌舵人。过硬的专业知识，亟待施展的才华在这时尽情地展现出来，与中华民族千古不变的奔月梦碰撞到一起，那份民族担当骤然显现在他们身上。能担当、敢担当、勇担当是他们的真实写照。

后羿男儿荒漠放彩，飞天嫦娥无私奉献

在圆浩瀚飞天梦的过程中，不仅是有志男儿刻苦钻研，"嫦娥"们更是不可或缺。接近四成的女同志在"嫦娥一号"卫星研制队伍中发挥了重要作用，在卫星分系统副主任设计师、主任设计师等关键技术岗位中女同志占据了25个席位中的7个。在追逐梦想的过程中，女同志往往还承担着男同志所不会承担的额外的压力与责任。身为母亲、身为妻子，她们隐忍着诸多不为人知的苦楚。儿女生病不在身旁，没有丈夫的温情陪伴，父母没法时刻照看，她们牺牲了自己的家庭，为嫦娥飞天这个古老神话篆刻上了不灭的精神。

攻坚克难稳步推进，意志坚定不言失败

"嫦娥一号"的研制突破了诸多关键技术——轨道设计技术、天线技术、三体定向技术、温控技术……这些技术都不可能是一蹴而就的，都需要研发、论证来确保万无一失，所以步子必须迈得稳；而探月工程时间紧、任务重、困难大，步子又必须迈得大，其中的困难不言而喻。探月卫星发射要经历主动段、调相轨道段、地月转移轨道段、近月制动和环月段的运行，每个阶段动作多，技术难点大，操作复杂，如果出现半点差错都会将整个工程推向失败。在正式飞天前，"嫦娥一号"团队进行了模拟飞行。完全模拟的过程历时多日，任务比正式飞行重，压力比正式飞行大，问题比正式飞行多，几班轮换的工作人员无一怨言，不言放弃，不惧失败，寻找问题，积累经验，

为唯一一次正式飞行打下了坚实的基础。

一丝不苟严格把关，团队支撑迈步向前

在探月飞天这一系统工程中，"细节决定质量，质量决定成败"这一格言显得尤为重要。当在设备检查过程中发现一个系统内部锁紧螺母松了二分之一扣时，整个团队立马行动起来，调查原因，并对航天器重新进行彻查。在这一过程中，探月团队群策群力，从问题的现象出发，倒推原因，从原因出发寻找可能未发现的问题，确保万无一失。滴水藏海，其中凝聚的是团队的战斗力，是团队的集体主义精神。

嫦娥飞天道阻且艰，不懈努力书写未来

飞天，是中华民族千年梦想。过去一抹浅浅银河，似乎阻隔了宇天世界；如今恢弘火箭尾焰，重新唤起了飞天梦想。提振经济，发展军工……嫦娥飞天在具有现实意义的同时，更是对民族精神的启蒙，蕴含其中的攻坚精神、创新意识将成为民族的宝贵精神财富。在这背后，是闪耀着集体主义光辉的"嫦娥一号"研发团队。

人物简介：

> 龙江，34 岁，"嫦娥一号"卫星副总指挥；孙泽州，37 岁，"嫦娥一号"卫星副总设计师；饶炜，36 岁，"嫦娥一号"卫星总体主任设计师；岑拯，43 岁，长征三号甲火箭总指挥；陈闽慷，35 岁，长征三号甲火箭总体主任设计师……这就是"嫦娥"队伍中的"少帅军团"。

知识链接：

　　发射人造地球卫星、载人航天和深空探测是人类航天活动的三大领域。重返月球，开发月球资源，建立月球基地已成为世界航天活动的必然趋势和竞争热点。开展月球探测工作是我国迈出航天深空探测第一步的重大举措。实现月球探测将是我国航天深空探测零的突破。月球已成为未来航天大国争夺战略资源的焦点。月球具有可供人类开发和利用的各种独特资源，月球上特有的矿产和能源，是对地球资源的重要补充和储备，将对人类社会的可持续发展产生深远影响。中国探月是我国自主对月球的探索和观察，又叫做嫦娥工程。国务院正式批准绕月探测工程立项后，绕月探测工程领

导小组将工程命名为"嫦娥工程"、将第一颗绕月卫星命名为"嫦娥一号"。"嫦娥一号"卫星由中国空间技术研究院承担研制，主要用于获取月球表面三维影像、分析月球表面有关物质元素的分布特点、探测月壤厚度、探测地月空间环境等。"嫦娥四号"是"嫦娥三号"的备份卫星。

我国探月工程规划为绕、落、回三期。

绕：2004 年～ 2007 年（一期）研制和发射我国首颗月球探测卫星，实施绕月探测。

落：2013 年前后（二期）进行首次月球软着陆和自动巡视勘测。

回：2020 年前（三期）进行首次月球样品自动取样返回探测。

集体主义

十年磨一"箭"

——"长征五号"研制团队

2016 年 11 月 3 日,朋友圈里的一段文字瞬间刷屏:十年前我们定下一个目标,为国家研制新一代大型运载火箭,十年中我们不断奔跑,人生中最美好的不过三到四个十年。如果让你重新选择,你会不会依然为国铸箭?

答案是肯定的。因为"长五人"一直追寻着中国航天梦。

"航天一甲子,长五三十年。"故事要从 20 世纪 80 年代说起。当时,我国载人航天工程尚处在论证阶段,按照我国火箭当时的运载能力,是无法满足未来空间站建设的需求的。另外,美国等世界主要航天强国纷纷推出新一代大型运载火箭。打造一枚"大块头"火箭迫在眉睫。乘着 863 计划的浪潮,我国开始研制新一代运载火箭。二十年后,"长五人"集结完毕,"长征五号"立项研制。

"长征五号"立项的十年中，有上万人参与了火箭的研制。他们屡战屡败，屡败屡战，闯过一道道坎，锤炼出强大的"中国芯"。攻克12大类247个核心技术难题，全箭新产品比例达到90%以上，使用的零部件设计量是以往的3.5倍以上……长征五号的技术创新有多耀眼，研发难度就有多大。这其中，发动机的研制极为关键。发动机是火箭的心脏，对火箭的飞行起着决定性的作用，也是横在研制团队面前的一大难关。"长五人"之一，航天科技集团六院副院长周利民说："研制发动机的难度就像攀登珠穆朗玛峰。一些外国专家说，即使你们能设计出来，也不可能把它制造出来。"面对这一大难关，"长五人"夜以继日，几十种新材料，上百种新工艺一一被攻克。胜利的曙光就在眼前，大火箭的心脏即将被搭建起来。

然而，天有不测风云。连续四次试车失败，让"长五人"备受打击。雪上加霜的是，这一时刻，已是2012年——"长征五号"立项研制的后期阶段。残酷的现实，数次的失败，紧迫的时间，道道天堑横在面前。不过，"长五人"始终坚持着特别能吃苦、特别能战斗、特别能攻关、特别能奉献的载人航天精神，咬牙再战，历经近半年的艰苦攻关，终于摸清了发动机失败的根源，通过仿真优化，选定了最理想的方案，顺利完成试车。从发动机的研制，到最终的成功，"长五人"研制生产各类产品近19000台套，累计开展近7000次、1000余项地面试验，终于是功夫不负有心人。

发动机的成功研制，标志着中国火箭进入世界主流火箭阵营，可与美俄等航天强国的现役最强运载火箭媲美。当然，大"心脏"的发动机也一

集体主义

定要匹配大"体型"的火箭体。长征五号箭体直径达 5 米,远大于之前的 3.35 米。可是,这不是简单的扩大,大"结构"需要基础机械加工、贮箱焊接等所有工装的巨大飞跃。

如此大"跨越",意味着全面的创新。"长五人"用耐心和智慧来应对考验——攻克 12 大类、247 个核心关键技术,新研制产品比例高达 90%。全新的总体方案、设计结构以及动力系统不仅给工装本身带来困难,而且对新材料也提出了要求。一方面,大"体型"的火箭需要超大量的推进剂。如何储存如此多的推进剂呢?"长征五号"采用无毒无污染的零下 183℃的液氧和零下 252℃的液氢作为推进剂。这些超低温的液态推进剂分别贮藏在巨大的箭体贮箱之中,通过内部加压输送给发动机。另一方面,为了减轻箭体重量,箱体最薄处只有几毫米。怎么才能保证火箭的安全?这对

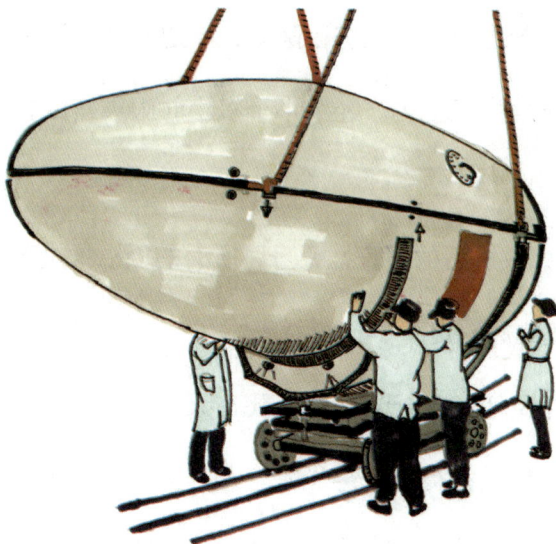

于中国航天人来说，也是头一次。在研制过程中，他们在焊接材料的时候，结构中出现了一道约 300 毫米的裂缝。如果在飞行中出现这类破裂，整个箱体的结构就会失稳，后果不堪设想。研制团队经过长达三年的反复试验，通过改善受力设计和焊接工艺的综合办法，终于攻克了这个难题。

除了设计的艰苦，"长五人"更面临着生命危险。"长征五号"火箭演练任务中，在一次中止发射应急抢险时，火箭二级动力系统突发故障，氢箱测压管与箭上连接处有大量氢气喷出。白色气体在现场弥漫，氢浓度报警仪急促的报警声加剧了现场的紧张感。氢浓度测试值达到了 100%，而氢气浓度超过 4% 即存在一触即爆的危险，一旦爆炸必定场毁人亡，后果不堪设想。指挥员下达在氢箱测压口安装堵头的命令。危急时刻，参试人员王磊和周仁坤冒着生命危险，迅速拆除氢箱测压管。管路拆除后，氢箱测压单向阀又泄漏大量氢气。王磊、周仁坤不顾个人安危，将氢排连接器手动除霜管路延长，一边对泄漏处进行除霜，一边双手握紧金属堵头顶住向外喷射的氢气艰难地拧了上去。经过半个多小时艰难奋战，一场巨大的险情被成功化解。

2015 年 4 月，改进后的"长征五号"所有的低温推进剂贮存箱都通过了压力考核，强度比原先提高了 60%。

2016 年 11 月 3 日，"长征五号"一飞冲天。

三十余载航天梦，自有年轻铸"箭"人。长征五号运载火箭工程组建了全新的研制团队，在老一辈科学家的指导下，培养造就了一支新一代运

集体主义

载火箭技术研发创新的高素质人才队伍。火箭成功发射时，他们笑容满面，与此同时，他们的内心也在翻腾着……

试验任务不顺利时，他们心情沉重，茶饭不思。

垂直总装时，他们连续高空作业几十个小时，累得靠集体喊口号打起精神继续战斗。

宝宝出生时，他们坚守一线，无暇顾及妻儿……

他们传承航天精神，潜心铸"箭"，胸怀大局，无私奉献，创造国之重器，护航国之利器。

人物简介：

李东，1967 年 6 月生，陕西汉中人，CZ-5 运载火箭总设计师。主要从事运载火箭总体设计工作，历任总体部副主任、型号副总师、副总指挥等职务，是国防科技工业局科学技术委员会成员，国防科技工业"511 人才工程"学术技术带头人。他既是总设计师，又是攻坚克难的带头人。

知识链接：

"长征五号"系列运载火箭（Long March 5 Series Launch Vehicle），又称"大火箭""胖五"，是中华人民共和国为了满足进一步航天发展需要，并弥补中外差距而在 2006 年立项研制的一次性大型低温液体捆绑式运载火箭，也是中国新一代运载火箭中芯级直径为 5 米的火箭系列。

"长征五号"系列由中国运载火箭技术研究院研制，设计采用通用化、系列化、组合化思想。系列由

二级半构型的基本型"长征五号"运载火箭(CZ-5)、不加第二级的一级半构型"长征五号"乙运载火箭(CZ-5B)以及添加上面级的"长征五号"/远征二号运载火箭(CZ-5/YZ-2)组成,地球同步转移轨道和近地轨道运载能力将分别达到14吨级、25吨级。中国未来天宫空间站、北斗导航系统的建设,探月三期工程及其他深空探测的实施都将使用该火箭系列。

  "长征五号"于2016年11月3日在中国文昌航天发射场首飞成功,由此成为中国运载能力最大的火箭。

一个摧不垮的民族

——汶川一代人

**　　正是这些志愿者、战士和救援人员不屈不挠的精神把这个已经无数次遭受过外来入侵和各种灾难的国家一次又一次地从废墟中拯救过来。**

　　意大利诗人但丁曾这样形容地狱："到这里来，一切都要放弃。"意大利记者安东内罗在他的文章中引用这句诗来形容地震后的汶川。

　　2008 年 5 月 12 日 14 点 28 分，四川汶川爆发了里氏 8.0 级特大地震，一时间，举国悲恸。

　　震后不到 1 小时，胡锦涛总书记的重要指示随电波传遍全国。16 时 40 分，震后仅仅两小时，国务院总理温家宝乘飞机从北京起飞，在飞机上即发表讲话，要求所有救灾人员第一位是救人，要不怕牺牲，不怕疲劳，连续作战展开营救。

当晚，成都市区上千辆出租车自发地奔赴都江堰灾区参与运送伤员，大雨如注的都江堰入口公路上，密密麻麻地布满了成都出租车。武警四川总队阿坝支队向汶川灾区进发，空军两架伊尔76军用运输机从北京南苑机场起飞，运送国家地震救援队175人飞往灾区。

5月13日凌晨，驻灾区的解放军和武警部队已投入16 760人，其中军队11 760人，截至下午5点，武警部队共投入20 460名兵力参加四川地区抗震救灾，共搜救、挖掘被压埋群众、抢救伤员4 130名，转移疏散群众3万余人。当晚11点，武警驻川某师200人在师参谋长王毅的带领下，由理县强行军90公里，到达汶川县城，成为第一支到达汶川县城的抢险救灾队伍。

解放军总医院继 14 日向灾区派出 277 名医务人员后，由平均年龄 64 岁的 10 名高级专家组成的"解放军总医院专家医疗队"于 15 日飞赴抗震救灾一线。截至 5 月 15 日早上 8 点，解放军和武警部队投入救灾的现役部队 95 553 人，民兵预备役部队 36 174 人，出动军用运输机、直升机飞行近 300 架次。全军卫生系统已向灾区派出医疗队、防疫队 72 支、医务人员 2160 余人，价值 3700 余万元血液、急救药品、医疗设备等卫生物资已运抵灾区一线。

截至 2008 年 9 月 25 日 12 时，全国共接收国内外社会各界捐赠款物总计 594.68 亿元，实际到账款物总计 594.08 亿元，已向灾区拨付捐赠款物合计 268.80 亿元。

震后 37 天，《汶川地震灾后恢复重建对口支援方案》正式颁布，统一部署对口支援任务，创新提出"一省帮一重灾县，举全国之力，加快恢复重建"。震后 4 个月，灾后恢复重建总体规划正式发布，提出了"三年基本恢复，五年发展振兴，十年全面小康"的灾后恢复重建总体目标。从此，中国开始了有史以来最大规模的灾后援建行动。震后一年内，355 万户震损住房修复加固全面完成；震后一年半，150 万户农房重建全部完成；震后两年，25 万户城市居民住房基本完成。

2010 年 9 月，灾区纳入国家重建规划的 29 700 个重建项目已开工 99.3%、完工 85.2%，概算总投资 8 613 亿元已完成 7 365.9 亿元、占 85.6%，圆满完成中央"三年重建任务两年基本完成"的目标。

截至 2012 年 5 月，四川省纳入国家灾后恢复重建总体规划的 29 692 个项目已完工 99%，概算投资 8 658 亿元已完成投资 99.5%；地震灾区实现了"家家有房住"，基本实现了"户户有就业""人人有保障"。地震灾区发生脱胎换骨的巨大变化，新的希望正从悲壮中豪迈地生长。

回顾那一场灾难，除了英勇奋战的现役部队，还有一支不容忽视的力量——志愿者。据新华社当时的报道，在汶川地震中前 40 天内，有超过 130 万人次的中外志愿者在灾区工作。根据 2009 年共青团四川省委的不完全统计：汶川地震抗震救灾期间，团省委累计接受志愿者报名 118 万余人，有组织派遣志愿者 18 万余人，开展志愿者服务达 178 万人次。以上数字，不包括民间自发组织的志愿者、不包括无偿献血的志愿者。据推测，全国在汶川大地震中以各种形式提供过志愿服务的志愿者超过了 1 千万人。直到灾后一年，四川灾区仍有超过 5 万名志愿者在服务。2008 年被称为中国"志愿者元年"，他们年龄身份各异，却因共同的作为和精神贡献，被称为"汶川一代人"。

汶川地震爆发后，中国人民以令人难以置信的速度和深度迅速团结起来，万众一心赴国难，舍生忘死救同胞。究竟是一种什么样的力量，让中国人民如此勇敢地面对可怕的灾难？是中华民族生生不息的民族精神，是闪耀在每个中国人心中的家国情怀。

伟大的中国人民在 2008 年"5·12"大地震中表现出来的勇敢与团结，自强不息与艰苦奋斗的精神——汶川精神，它形成于抗震救灾过程中，并

将在震后的灾区重建过程中不断得到丰富与发扬。它由中国人民共同创造并将造福于中国人民，它是中华民族的民族精神发展至今与中国社会现实相结合的产物，它是井冈山精神、延安精神、长征精神的当代传承，是中华民族灵魂深处的家国情怀在新时代的坚定表达。

正是全国人民勇敢与团结，自强不息与艰苦奋斗的精神，让"5·12"成为了一种象征，铭刻在一个民族的历史记忆中，也让这个数字不再抽象，而蕴藏着物化的、实体的精神含义，令人听了就会肃然起敬，纵然时间流逝也不会褪色。

为了家的周全，为了国的安宁，多少中国人牺牲生命在所不辞。凭借着浸透灵魂深处的民族精神，中华民族得以穿越数千年的历史风雨，传承接力，团结互助，渡尽劫波，愈战愈勇，至今依然以强者的姿态屹立于世界民族之林。也正是这一精神，千百年来，屡屡保护着我们的民族在危机前转危为安，给民族的未来赢取更好的发展。

2018 年 2 月 13 日，农历的腊月二十八，习近平总书记来到汶川县映秀镇考察。来到漩口中学遗址时，习近平总书记向汶川特大地震罹难同胞和在抗震救灾中捐躯的英雄敬献花篮并三鞠躬。他再三叮嘱一定要把地震遗址保护好，使其成为重要的爱国主义教育基地。

在汶川地震天崩地裂的刹那，无数的母亲和父亲张开双臂，用自己的血肉之躯挡住了死神的来路，将生的希望留给自己的孩子。无数的解放军战士、消防队员、医务人员以及全国各地的志愿者们，为了拯救自己的同胞，不远万里奔赴灾区，舍生忘死共赴国难。在这场抗震救灾的伟大斗争中，许多人英勇地献出了自己的生命，将热血永远融入了灾区的巍巍青山。

汶川大地震以一种特殊的方式，检验、折射了中国特色社会主义的制度优势，展示了强大的国家力量。灾后的修复重建工作彰显了中华民族强大的凝聚力和向心力。从某种意义上说，汶川精神就是中华民族的时代精神。多难兴邦，一个民族在灾难中失去的，总会由进步来补偿。

人物简介：

知识链接：

　　2008年5月12日14点28分，四川汶川爆发了里氏8.0级特大地震，共造成69 227人遇难，374 643人受伤，17 923人失踪。截至2008年9月4日，汶川地震造成的直接经济损失8452亿元人民币。四川损失最严重，占到总损失的91.3%，甘肃损失占到总损失的5.8%，陕西损失占总损失的2.9%。这是中华人民共和国成立以来破坏力最大的地震，也是继唐山地震后伤亡最严重的一次地震。

逆向前行的火中英雄

——消防员

前面是火，后面是家，火凶，火猛，在火中万物面目全非，但家依旧是家，因为中间，有我们。

作为全国最大的油品加工基地和原油储存基地，大连的大孤山半岛油品总储量高达 1500 万立方米，储存量高达 10 万吨的储油罐比比皆是。工人们在这片土地上进进出出地忙碌着，过着今日与昨日相似的生活，直到 2010 年 7 月 16 日，一声爆破声打破了这种宁静。爆破声一响，刹那间油柱冲上天，变成一团又一团"吃人"的火焰，浓烟张牙舞爪地向四周进攻。

"新港油库爆炸起火了！"火源就是数个大型储油罐中的一个——103号。

位于大孤山半岛的新港油库建有 17 个 10 万立方米的原油储罐和 3 个 5 万立方米的储罐，不仅如此，它还北邻储量 300 万立方米的国家原油储备库，东邻储量 1200 万立方米的南海罐区和 12.45 万立方米的液体化工原料仓储区，东北方是总储量 12.45 万吨的危险化学品存储区，南方更是有在建的液化天然气接收站和居民区等附属建筑。若是火势在这片土地上蔓延将会发生什么呢？火源 103 号附近的高危化学品罐群将被点燃，产生连环爆炸，整个大孤山甚至是大连都会面临灭顶之灾。可是那一刻没人敢去想，也没人有空去想，因为火光染红了天，浓烟抹黑了脸，随着滚烫的油而流淌的火焰"轰"地一下击溃了所有人的心理防线，他们只有一个想法：活着逃出去！

当所有人向外撤出时，有一群人却毫不犹豫地向里冲锋，他们就是辽宁省消防队的两千多名官兵。

橙黄色的消防服与火光融为一体，消防官兵们抬着泡沫炮，在如岩浆一般的流淌火中一步一步坚定地向前，用超强的意志力和信念硬生生顶住了火势。

"流淌火"顾名思义就是流淌着的火。随着油管的爆炸，油库里的火随着油的燃烧而流淌，流淌的油所过之处形成的流淌火燃不尽、烧不完，将一个又一个油罐包围，让每一个油罐都面临着下一秒就会爆炸的危险。

无论面临着怎样的危险，消防官兵们心里都只有一个想法：冲锋！

因为当面临此种前所未见的火灾之时，战胜它的唯一办法只有冲锋；因为当众人急于逃命之时，消防官兵俨然已经成为了控制灾情的唯一希望。火场残酷，但是军人的使命不能辜负，集体的希望在火灾发生的那一刻就落在了自己的身上。

一场与大火的攻坚战就此展开，在生死面前任何关于生死的感悟都会失去光泽。天空被原油燃烧的浓烟染成了黑色，地面上几十里都是火光的红色，火场面积大得无法想象，奋战的消防官兵脸上的汗水和黑灰交融在一起，让他们的脸变得模糊，可是却能一眼看到他们眼里的坚定。

"嘭！嘭！"在火流之中还掺杂着一声又一声的爆炸声，随着一次又一次的爆炸，涌出的火流愈发严重，下水道的水不断涌出，推着油、带着火，不断地向更远处流淌。

你见过 30 米高的火焰吗？火场上的消防官兵们距离这些数十米高的火焰只有五六米的距离，他们举起手中的泡沫枪和水枪抵御着流淌火，但是刚刚熄灭的火焰会立马复燃，一次又一次，周而复始。只是他们从不放弃，打灭一排火焰他们便向前进一步，火焰若是复燃，便退一步，然后再次前进，在夹缝中与"火魔"展开拉锯战，将连锁爆炸的可能扼杀在襁褓之中。

朱熹曾在《百丈山记》中写下："畏险者或不敢度。然山之可观者，知识则亦穷矣。"畏险二字每个人都逃不开，只是此时此刻的消防战士们尽管畏险，仍勇往直前，更不会去畏险，因为他们肩负的是火场里每一个人的未来，是整个大孤山甚至是大连的未来。他们手臂把着泡沫枪，挺身站在第一线，生死关头，即便战死也从未想过逃脱。

"没有一人退缩，没有一个逃兵。"大孤山消防中队队长助理刘磊在经历火灾之后重复说着这么一句话。

"我们只有一线希望，那就是冲锋。"简简单单的一句话让人瞬间泪目。

经过十几个小时的鏖战，这场战役终于拉下帷幕，用水量高达 6 万多吨，使用泡沫灭火剂 500 多吨，干粉灭火剂 20 多吨。在火场里散落着被高温烤变形的头盔，还有那些被飞溅的"岩浆"瞬间烧成焦炭但是却从未后退一步的战士。在这场艰难的战役中，有带领队员冲进火海，坚持奋战 8 个小时、手动转动关闭油罐进油阀门的特勤二中队指导员桑武；有先后三次被爆炸的气浪掀翻在地，仍不顾全身伤痕继续战斗的代理中队长刘磊；有晕倒在火场一线，在医院抢救苏醒后又偷偷跑回火场参加战斗的战士代永金。

"身上的防火服被炙烤得发烫，皮肤也像被火燎一般灼痛。手掌被磨出了水泡，水泡又被磨破出血，手上的伤口又被火烤得滚烫的阀门给烫平了。"

"石油火灾不怕燃烧，怕油罐沸溢。沸溢发生，高温油就会像岩浆那样飞溅而出，把人全覆盖了。人瞬间变成焦炭，保持着原来的姿势。"

"在火场，我要离战士们近一点，以后清理骨殖，人们会看到我没往后跑，支队长跟战士们死在了一起，让战士的家人知道后心里也好受一点。"

一场炼狱般的火灾，消防战士们用血肉之躯为整个大连市人民筑起了一道生死防线，拯救全市人民于水火之中，他们即便在漫天大火之中也未曾后退一步。因为，虽然身前是弥天大火，但身后，却是千千万万的百姓。

关于消防战士的文学作品有千千万万，那些才华横溢的作家们早已为他们建立起了包含着血泪的"纪念碑"，但是，亲爱的你，请你仔细想想这些"纪念碑"背后的真正含义，仅仅是为了纪念吗？为了歌颂吗？又或许是为了让生活在这个物欲横

流时代的你明白，在你的身后始终有一群平凡的人，不为名利地为着这个国家做着最不平凡的事。在他们心里，集体永远比自身的利益，甚至是自身的安危，更为重要。

"哪有什么岁月静好，只不过有人替你负重前行。"

人物简介：

在此次火灾爆炸事件中，大连市公安消防支队调集 37 个公安消防中队和四个企事业专职队的 128 台消防战斗车辆、1000 余名消防官兵。辽宁省出动 14 个消防支队、18 支企业专职消防队、348 辆消防车、2380 余名消防员参与本次灭火行动。消防官兵们众志成城，用血肉之躯为整个大连市人民筑起一道生死防线。

知识链接：

大连的大孤山半岛油品总储量高达 1500 万立方米，有 20 个总储量 185 万平方米原油储罐。2010 年 7 月 16 日，大连新港附近中石油一条输油管道爆炸，引起火灾，造成部分输油管道、附近储罐阀门、输油泵房和电力系统损坏和大量原油泄漏。事故导致储罐阀门无法及时关闭，火灾不断扩大。原油顺地下管沟流淌，形成地面流淌火，火势蔓延。爆炸发生之后，大连市启动红色应急预案，以大连市公安消防支队为主力的辽宁省消防官兵们鏖战 14 个小时才结束灭火战斗。合计用水量 6 万多吨，使用泡沫灭火剂 500 多吨，干粉灭火剂 20 多吨。

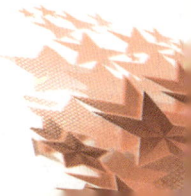

海洋的忠诚卫士

——黄群、宋月才、姜开斌

只有奋斗的一生才称得上幸福的一生。

2018年8月20日，第18号强热带风暴台风"温比亚"台风登陆，造成了中船重工七六〇研究所某国家重点试验平台缆桩断裂，如不及时采取措施，试验平台很有可能会触礁、进水，甚至沉没，危及到试验平台的安全以及试验平台上值班同志的生命安全。紧要关头，中船重工七六〇研究所副所长黄群、试验平台负责人宋月才、试验平台机电负责人姜开斌等12名人员果断穿上雨衣、救生衣，迅速从值班室向试验平台冲去。从值班室

到试验平台仅仅 300 多米，但每前进一步都充满不可预知的结果。在抢险作业中，突如其来的大浪将黄群和姜开斌卷入海中，在短短几分钟里，接踵而至的大浪又先后将参与救援的孙逊等 4 人拖入海里。一时间，现场局面愈加危急，试验平台和码头上的人都拼尽全力展开救援，直到当天中午，在七六〇研究所和当地救援力量的参与下，冲进码头抢险的同志和国家重点试验平台才安然无恙，而黄群、宋月才、姜开斌不幸被卷入海中，壮烈牺牲。中船重工的 17 名同志不顾个人安危，在危急时刻挺身向前，用果断的行动和无畏的精神保证了国家重点试验平台及其保障人员的安全。黄群、宋月才、姜开斌三名同志更是用宝贵的生命谱写出一首忠诚担当许党报国的英雄赞歌。

试验平台，寄托着黄群、宋月才、姜开斌拳拳许党报国之心。亲人、同事、战友，对他们的评价不约而同的一致：他们，把平台当成自己的"孩子"。

51 岁的黄群，从武汉调来第七六〇所仅仅 480 多天，事发前一日还在

办公室通宵值班。他爱人亢群在整理他的遗物时发现，调来的480多天里，黄群使用了5个笔记本，3本大的都快记满了，其中有一篇学习党的十九大报告的体会中，黄群在标题上写道："牢记使命，勇于担当，为七六〇所高质量发展提供保障"在最新发的一个"三会一课"记录本上，黄群工工整整地写下了完整的入党誓词。

"随时准备为党和人民牺牲一切。"

8月15日写下这句话，20日，黄群用自己的行动做出了壮烈的诠释。

61岁的宋月才，62岁的姜开斌，都曾在海军服役，已经退休，但试验平台重新点燃了他们年轻时干事业的激情。

宋月才同志曾任海军某部艇长、基地副主任等职务，他既是指挥员又是战斗员，身先士卒、亲力亲为。翻阅宋月才的档案，在一份1996年12月立三等功的《奖励登记报告表》"简要事迹"一栏中这样写道：在工作中，他既是指挥员，又是战斗员，和战士们一样摸管路、爬仓底，战士身上有多少油，他身上就有多少油。正是这种忘我的工作态度，让宋月才积劳成疾，2002年不得不选择病退。

军装脱了下来，可宋月才依旧深恋着那片大海，牵挂着他的军舰。中船重工第七六〇研究所进行国家某重点试验平台建设，请他出山，他不问报酬，二话没说就应了下来。提起这事，宋月才的战友、海军某部高级工程师朱广成说："旁人不清楚，我们业内人都知道，这项试验任务既艰难又危险，没几个人敢接，老宋却迎难而上，这完全是出于军人的责任担当。"

担任国家某重点试验平台负责人后，宋月才又一次把自己与大海"绑定"。6 年间，他每年回家的次数不超过 20 天。由于平台建设刚起步，许多设备操作没有现成教材，宋月才边摸索边总结，编写了《平台保障人员手册》等 7 本教材。当国家财产受到威胁时，面对台风和巨浪，他英勇无畏，用生命践行了初心和誓言，谱写了一曲以身报国的壮歌。

姜开斌同志有着 13 年的军旅时光，这在他的人生岁月中不是最长的，却是最深的。离开部队 30 多年，姜开斌搬过几次家，但在军校和部队学习过的航海和机电专业书籍他一直都视若珍宝，尽管已经泛黄褪色，仍被他整整齐齐摆在书柜里，方便随时取阅。若有战，召必回，2017 年底，中船重工第七六〇研究所某国家重点试验平台需要一批经验丰富的老技术人员，姜开斌和同在常德的战友刘子辉一同报名并入选。30 多年过去了，重新回到战斗过的岗位，有些专业知识姜开斌已记不清楚，有些技术已更新发展，但这些都没有难倒姜开斌。在这里，他又回到了年轻时只争朝夕的工作状态，经常加班加点学习，常常利用午饭后休息时间与同是机电专业的几名战友一起讨论研究，有时候晚上还学习到凌晨一两点。

海军出身的姜开斌曾一次次以胜利者的姿态返航，但这一次，他却永远离开了亲人，永远听不到战友的呼唤，用生命去护卫了他一生牵挂的那片大海。

"只有奋斗的一生才称得上幸福的一生。"黄群在笔记本上写下的这句话，他和他的战友们都在践行。

海洋的忠诚卫士——黄群、宋月才、姜开斌

159

人物简介：

黄群（1967 年 5 月—2018 年 8 月 20 日），男，湖北武汉人，1997 年 10 月加入中国共产党，毕业于华中科技大学船舶与海洋工程学院。黄群生前系中国船舶重工集团有限公司七六〇所党委委员、副所长、研究员。

宋月才（1957 年 1 月—2018 年 8 月 20 日），男，辽宁丹东人，1985 年 4 月加入中国共产党。宋月才生前系中国船舶重工集团有限公司七六〇所某试验平台负责人。

姜开斌（1956 年 12 月—2018 年 8 月 20 日），男，湖南常德人，1978 年 8 月加入中国共产党。姜开斌生前系中国船舶重工集团有限公司七六〇所某试验平台机电长。

2018 年 8 月 20 日，黄群、宋月才、姜开斌因台风中抢救国家重点试验平台，壮烈牺牲。2019 年 9 月，获得第七届全国道德模范"全国见义勇为模范"称号。

　　2018 年 8 月 17 日，第 18 号强热带风暴台风"温比亚"在我国东部城市登陆，位于大连市的中船重工七六〇研究所接到预警，做好各项防台风应对措施。中船重工七六〇研究所是从事海洋工程研究和海上试验技术服务的科研单位，此时停靠在七六〇码头的国家某重点试验平台已经凝结了研究所长达七年的倾心付出。

海洋的忠诚卫士——黄群、宋月才、姜开斌